青少年

心理建设与成长

邱其荣◎著

南京出版传媒集团
南京出版社

图书在版编目（CIP）数据

青少年心理建设与成长 / 邱其荣著 . -- 南京：南京出版社，2022.8

ISBN 978-7-5533-3803-3

Ⅰ . ①青… Ⅱ . ①邱… Ⅲ . ①青少年—心理健康—健康教育 Ⅳ . ① G444

中国版本图书馆 CIP 数据核字 (2022) 第 131515 号

书　　名　青少年心理建设与成长
作　　者　邱其荣
出版发行　南京出版传媒集团
　　　　　南 京 出 版 社

社址：南京市太平门街 53 号　　邮编：210016
网址：http：//www.njcbs.cn　　电子信箱：njcbs1988@163.com
联系电话：025-83283893、83283864（营销）　025-83112257（编务）

出 版 人　项晓宁
出 品 人　卢海鸣
责任编辑　徐　智
装帧设计　尚书堂
责任印制　杨福彬

印　　刷　北京亚吉飞数码科技有限公司
开　　本　710 毫米 ×1000 毫米　1/16
印　　张　14
字　　数　155 千字
版　　次　2022 年 8 月第 1 版
印　　次　2022 年 8 月第 1 次印刷
书　　号　ISBN 978-7-5533-3803-3
定　　价　56.00 元

用微信或京东APP扫码购书

用淘宝APP扫码购书

前言

“恰同学少年，风华正茂。”青少年时期是人生中难得的黄金时期，是一个朝气蓬勃、充满活力的时期，也是一个从天真懵懂走向成熟自立的过渡期，其间可能会拥抱诸多美好，却也可能遭遇诸多变化和危机。

别担心，青少年的成长之路未必一帆风顺，但一定是阳光与风雨同行。关注青少年心理健康，护航青少年成长，正是本书着重探讨的问题。

本书将为你解锁青少年的思想和行为，帮助你走出青春期困境。

跟随本书，首先，了解青少年的心理发展规律、特征和常见的心理问题信号，认识青春期的烦恼；了解叛逆行为背后的心理秘密，认识沟通的重要性。其次，提高对拖延行为的认识，学习保持与提高好奇心、专注力的方法，体会认真做事的乐趣；学习高效管理时间，真正从拖延走向自律。接下来，提高对情绪的认识，告别愤怒，克服恐惧，赶走抑郁，摆脱焦虑，尝试做情绪的主人。最后，了解良性社交的意义和奋发拼搏的重要性，学习保持良好心态、塑造健康三观的方法，学习远离诱惑、获得自控力的方法。

本书从多角度出发，深刻剖析了青少年成长过程中可能会出现的行为模式和巨大的心理变化，行文通俗易懂、流畅轻松、娓娓道来，阐述全面具体，涵盖了青春期的主要话题，同时精心设置“青春随感”版块，对具体的问题给出中肯的建议和科学的指导。

用心呵护，让青少年茁壮、健康成长。本书将帮助你正视与告别不良情绪、负面思维，真正地丢下“包袱”，不负青春，轻松开启人生新阶段的旅程。

作者

2022 年 6 月

目录

第二章　青春期的烦恼　/ 021

第三章　叛逆很酷吗　/ 041

第四章　从拖延走向自律　/ 065

第五章　做情绪的主人　/ 089

第六章　不要拒绝交往　/ 115

第七章　不自负、不自卑　/ 141

第八章　不负时光，奋斗正当时 / 163

第九章　呵护青春，健康成长 / 189

参考文献 / 211

| 第一章 |

拥抱青春，风华正茂是少年

百年前，梁启超在《少年中国说》一文中，曾对如朝阳初升的少年寄予厚望，他在文中写道：“故今日之责任，不在他人，而全在我少年。少年智则国智，少年富则国富，少年强则国强，少年独立则国独立，少年自由则国自由，少年进步则国进步，少年胜于欧洲则国胜于欧洲，少年雄于地球则国雄于地球。”

在梁启超看来，青少年是国家和民族的未来。对于广大的少年而言，拥抱大好的青春，昂首挺胸地阔步向前，才是他们应有的本色。

青少年的心理发展规律与特征

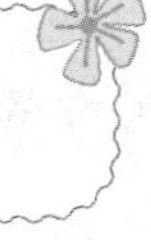

在漫漫人生路上，青少年所处的这一段青春期，对于他们的人生成长至关重要。因为这一阶段，恰恰是青少年的心智、行为从不成熟走向成熟的关键时期，所以了解和掌握青少年的心理发展规律和特征，有助于帮助他们正确地认知自我，减少青春期困惑，打开“减压阀”，稳步走上良性的发展轨道。

青少年的心理发展规律都有哪些呢

青少年时期，是人生成长过程中一个相对较为特殊的时期，处于这一时期的青少年，正面临着从儿童到成人角色的转变，生理心理等方面都发生着显著的变化。尤其在心理层面，青少年的心理发展更为错综复杂，其中的规律主要表现在以下几个方面。

首先，智力的快速增长，带来思维能力的显著提升。

进入青春期之后，青少年获得的学习机会和参与的社会实践越来越多，大脑机能得以完善和增强，这就在客观上促使青少年在认知能力方面获得了长足的进步。观察这一阶段青少年的行为表现可以发现，伴随着他们智力的提升，青少年的思维能力也越来越具有敏锐性、独立性和思考性的特征，在看待身边的人和事物时，他们往往会有自己独到的看法和认知；遇到疑难问题时，也喜欢在质疑中展开讨论，希望能够从中找寻到符合自我思维意识的答案。

因此，处于青春期的青少年，思维层次也由内向外逐步延伸，如他们会思索人生的意义和奋斗目标，会对未来的生活、学习、工作模式等有一定的理想追求，在现实世界中，他们不断地观察、思索、追寻，当遇到困难与挫折时，也会产生诸如迷茫、惶恐、苦恼、失望等心理情绪反应。

其次，自我意识逐渐觉醒。

个体对自我以及身边人关系的认识，可以归结到自我意识的概念与范畴之内。对于广大青少年来说，随着年龄的增长和对外界认知的增多，他们的自我意识也在悄然间逐步觉醒，这一觉醒意识表现在心理层面，就是他们在潜意识里格外关注自我的内心世界，会下意识地审视个体的个性和品行，并依据自我判断做出心理评价。

此外，对于身边人关系的认识，青少年也极其看重外界对自我的评价，如果得到正面积极的评价，他们会产生喜悦、兴奋的心理感受；反之，若外界评价没能达到他们的心理预期，就会表现出沮丧、郁闷等负面情绪特征。

最后，两性意识开始苏醒和增强。

青少年时期，除了身高、体重发生变化外，第二生理特征也逐步显现，生理上的变化，在心理层面也会引发青少年两性意识的逐步苏醒。这一阶段的青少年，已经逐渐认识到同性和异性之间的性别差别，对异性产生好奇和关注心理；而对自身的生理特征变化，他们会有窘迫、害羞等心理体验。

 青少年心理发展规律下矛盾复杂的心理特征表现

青少年时期，随着身体、生理的发育，自主意识和两性意识的增强，青少年的心理开始具有多样化的特征，并呈现出一定的矛盾性。

首先是封闭性和呼唤交往之间的矛盾。

青少年的心理世界是丰富而复杂的。一方面，这一时期的他们，在自我意识中完全认识到自己是独立的个体，同时又具有强烈的自尊心，因此他们会刻意隐藏内心的想法，不愿和外人分享，甚至有意识地拉远和身边人的距离，心理层面呈现出封闭性的特征，心理脆弱敏感。

但另一方面，青少年的个体活动空间远远大于少儿期，这种空间距离的延伸与扩大，客观上促使他们希望和更多人产生联系，找到人生的知己。由此，心理的封闭性和强烈的与外界交往的欲望交织在一起，就构成了一个矛盾体。

其次是渴望独立，却又有依赖心理。

青少年的心理变化非常微妙，他们在潜意识中会把自己划归到成人的行列中。在这种心理特征的驱使下，他们渴望独立，开始产生叛逆行为，想竭力摆脱家庭的束缚，幻想一切都能由自己做主。

然而，在现实生活中，青少年很难完全脱离父母、长辈的帮助，

对父母依旧存在着较大的依赖性；遇到不好解决的难题或者是复杂的局面时，缺乏信心的他们也难以独立面对。青少年在独立和依赖两者之间不断摇摆的心理特征由此产生。

最后是情感和理智之间的冲突。

青少年敢想、敢说、敢冲、敢干，富有理想和激情，但从另一个角度看，他们的心理往往具有脆弱敏感的特性。在这种心理特征下，青少年做事容易感情用事，属于急躁的理想主义者，一旦失去理性思考，很容易陷入片面化的误区，甚而会走向极端。

尤其在现实生活中，当他们的理想主义色彩和现实发生碰撞，遭遇较大挫折打击时，更容易产生剧烈的情绪波动，如悲观失望、自暴自弃等。如果不及时加以正确引导，承压能力弱的青少年，极易产生种种不良后果，必须加以重视。

青春随感

青春期，是青少年都必须经历的一个阶段。在这个特殊而又充满矛盾的过渡期，从家庭角度看，父母应当多去关心孩子青春期的成长变化，及时察觉他们的情绪变动，及时给予正确的引导和疏通，帮助他们形成良好的自我意识和稳定的心理特征。

在社会教育上，应不断加强对青少年的爱国主义教育，将爱国主义教育贯穿他们青春期成长的全过程，引领青少年逐步树立正确的世界观、人生观、价值观，帮助他们形成正确的认知能力，促进他们茁壮成长。

影响青少年心理的因素

在青少年的成长过程中，他们的心理和心智，都处于一个重要的发育阶段，心思敏感，心理承受能力也极为脆弱，极易受到家庭、学校以及外界社会环境等诸多因素的影响，这也导致很多青少年出现各种心理困扰，成为影响他们心理健康的极大隐患。

因素一：孩子自身存在的一些内因

在青少年心理发育成长的过程中，会受到各种内外因素的影响，其中，内因不可忽视。受遗传影响，因先天禀性的差异，在生活中，一些青少年往往存在着以自我为中心的倾向，看待问题比较偏激，心胸也不是太宽阔，遇到问题时容易感情用事，不计后果。诸如此类的内在特质，很容易导致青少年的心理健康出现或大或小的问题。

反观另外一些青少年，在他们身上，常常可以看到阳光乐观的影子，遇到困难和挫折时，他们能够有较强的承压能力，这就是遗传因素对青少年心理重要影响的体现。先天性的性情差异，在青少年的心理层面、外在行为方式上都会有不同的“投射”。

当然，内在的遗传因素，并非影响青少年心理的决定因素，外在的家庭教育和学校教育，包括复杂的人际关系、激烈的社会竞争等因素，也会对青少年的心理健康产生较大的影响。

因素二：原生家庭的“成长土壤”，也起着至关重要的作用

家庭，对于广大青少年来说，不仅是他们生活成长的地方，也是他们心理发育的重要环境。一个家庭内部的气氛是否温馨，家教是否优良，对青少年的情感意志都会产生重大影响，也因此会进一步影响他们的心理健康成长。

比如在一些家庭中，父母离异，或者是夫妻关系严重不和睦，对子女的成长教育漠不关心、放任自流，在这种家庭氛围下，青少年从父母那里得不到应有的关爱和呵护，有一种被遗弃的心理感受，亲情的缺失使得他们的内心饱受创伤。久而久之，这些青少年的心理健康问题也就逐渐显现出来了，如焦虑、缺乏安全感、性情孤僻、不愿和人亲近等，不一而足。

而在一些家风家教良好的家庭里，家教方式恰当正确，亲子关系平等和谐，家长关注孩子的心理健康，父母子女之间经常沟通交流，来自父母浓浓的爱和关怀，对青少年的心理成长有着莫大的益处。

也有一部分父母对孩子的成长教育常会走上两个极端。一种是教

育手段简单粗暴，以过分严厉的态度对待孩子，不去深入地走进孩子的内心，倾听他们的想法和感受。生活在这种家庭教育下的孩子，心理上会极度自卑，缺乏青少年身上应有的阳光和自信心态。

另一种是溺爱孩子，不愿让他们经历人生的风雨，任何苦和累都想帮孩子避开，对孩子过度保护。这种家庭教育下的孩子，心理健康自然会受到诸多不良影响，心智不成熟、耐挫折度低等是他们身上最为常见的问题。

更有甚者，生活中有这样的父母，对孩子抱有过高的期望，子必成龙，女必成凤，琴棋书画也应样样精通。一旦达不到他们“高标准”的期望值，就会勃然大怒，对孩子进行责罚。显然，这种不当的家庭教育方式，会导致孩子心理出现不健康的“阴影”，一味地拔苗助长，反而会给青少年的茁壮成长带来诸多负面影响。

因素三：学校和社会，对青少年的心理影响也不容忽视

学校，也是青少年人生成长的重要场所，深深影响着他们的心理发育。在学校学习的青少年，受学习难度增大、升学压力大等因素影响，常会产生焦虑、苦闷、压抑等不良情绪，如果不能及时排解这些不良情绪，将在很大程度上影响青少年的心理健康。

一方面，教师不仅承担着授业解惑、传播知识的重任，同时其自身的一言一行，也对青少年的心理有着重要的影响。会关心、理解学生，懂得赞美和肯定学生的老师，会给青少年带来积极健康的心理影响；反之，过分地批评指责学生，会让他们产生自暴自弃的负面消极

情绪，进而影响心理健康。

另一方面，校园环境的好坏对青少年的心理健康成长也有着较大的影响。文化艺术氛围浓厚，优雅、整洁、安静、美丽的校园环境，有益于青少年的心理健康；反之，简陋、杂乱、缺乏书香氛围的校园环境，会影响青少年的心理健康。

社会上，影响青少年心理健康的因素也有很多，如在注重物质利益、过分追求享乐思想等不良社会习气的影响下，如果青少年自身缺乏抵御这些不良风气的定力，很容易出现各种心理问题。

青少年的心理健康与否，关系到他们能否顺利度过青春期，能否成为一名阳光向上、活泼开朗、勇敢自信的时代好青年，对此必须引起足够的重视。从家长到教师，从学校到社会各个层面，都应重点关注并做好青少年的心理健康教育工作，不给他们太大的压力，从德育、智育两方面入手，为青少年的心理健康撑起一片晴空。

十万个为什么：晒一晒你的困惑

在人生的长河中，处于青春期的青少年，如旭日朝阳一般，在他们的身上，有对前途和未来的希冀与渴望，也有对自身生理、心理变化的种种困惑与不解，脑海中会有各种疑问。因为迷茫，他们会如欢快的水流一般，突然拥塞停滞，止步不前。那么，青少年身上存在的困惑都有哪些呢？

青春期的困惑

青少年这个词，实际上也是美好青春的代名词，处于青春期的青少年，首先要面对的一个令人惊喜而又不安的变化，那就是身体的快速长高和第二性征的出现。如何正确面对突如其来的生理变化，就显得尤为重要了。

浩浩是一个十四岁的少年，平时成绩优异，性格阳光活泼。有一天放学回家，浩浩在照镜子的时候，突然发现他的嘴角多了一抹“毛茸茸”的东西，这是什么呢？浩浩仔细观察之后，发现自己竟然长胡子了。

男孩子长胡子，原本是一件再正常不过的事情，但在浩浩看来，他才十四岁，是不是有些早了呢？更令浩浩难堪的是，有一次上课，他的女同桌也发现了他嘴角的绒毛，就抿着嘴笑着对他说：“这么快，你就成了小小男子汉了。”

女同桌的话语，原本是一个很微不足道的玩笑，甚至还带有一丝赞美的味道。可是在浩浩听来，却是那么别扭，心里觉得不舒服的他，放学回家后，竟然偷偷对着镜子将嘴角的绒毛一根根都拔了下来。

由于操作不当，浩浩嘴角的毛囊发炎了，他爸爸反复询问，才明白其中的缘由，自然哭笑不得。他带浩浩看完皮肤科医生后，专门找时间就青春期发育问题和儿子敞开心扉，展开了沟通交流。自此之后，浩浩再也不为长胡子而苦恼了。

对于孩子青春期的生理变化，作为父母，应当细心地多留意观察，对他们因生理特征变化而产生的心理症结，要及时地给予科学指导，以便尽早化解孩子内心的困惑。而青少年自身遇到生理方面的问题时，也应与父母及时沟通，寻求帮助，消除困惑。

情感上的困惑

处于青春期的青少年，两性意识开始觉醒，他们对于身边的异性充满了好奇，有一些青少年甚至还暗生情愫，有了早恋的倾向。

小雅是一名高二的学生，不知道从什么时候起，她突然发现自己喜欢上了学校篮球队里的一个男孩子。对方个子高高的，外形阳光帅气，尤其是课余时间在操场上打球时，他潇洒的运球、投篮动作，让小雅心生喜欢，只要有机会，她便跑到操场上寻觅那个男孩子的身影，只有看到他，小雅的心里才感觉愉悦安定；如果一连几天都见不到对方的身影，小雅就寝食难安，坐卧不宁。

慢慢地，小雅越来越将关注的目光投射到那个男孩子的身上，她知道自己这是陷入了暗恋中，也知道在高中紧张的学习阶段，她不能这样，一切都应当以学业为重。然而越是压抑对那个男孩子的好感，小雅就越觉得痛苦万分。渐渐地，上课的时候，她总是不由自主地分心，总是想着如何接近对方，如何让对方明白她爱恋他的感觉。在这种情况下，原本学习成绩处于上游的她，在痛苦、焦虑、自责等多种情绪重压下，成绩一落千丈。

幸运的是，小雅的班主任及时察觉到了小雅身上发生的种种变化。他找机会和小雅单独长谈，在弄清楚了小雅内心的真实想法之后，班主任语重心长地告诉她，对异性有好感，莫名地喜欢对方，有了爱慕的情愫，这本身也没有什么错，是青春期少男少女正常的情感反应。但需要明白的是，凡事要分轻重缓急，高中阶段要以学习为重，不妨暂时将这份情感放在一边，等到上了大学或踏入社会，就可以大胆地去爱、去追求。

在班主任的开导下，小雅的心结慢慢地被打开了，她听从老师的建议，放下思想上的沉重包袱，将这份美好的情愫深深埋在了心间。学会了坦然面对情感问题的小雅，也重新找回了曾经那个自信拼搏、努力向上的自己。

自我意识认知上的困惑

青少年随着年龄的增长，心理也逐步发育成熟起来。这个时候的他们，会更多地去关注内心的“自我”，也常常会思索“我是一个什么样的人”“我应该成为一个什么样的人”等问题。假如自我意识认知上出现了迷茫和困惑，也会造成他们一定的心理障碍。

磊磊在自我意识的认知上，就曾有过一段困惑迷茫期。在他看来，自己是一个性格内向的男孩子，很多时候，他认为自己不善于去勇敢表达内心真实的想法。

比如，在课堂上，老师询问同学们：“这个知识点大家都掌握了没有？没有的话可以举手提问。”每每这个时候，班上的同学遇到不懂的地方就会大胆举手询问老师。但磊磊缺少这份勇气，他害怕自己举手提问时被全班同学盯着，这种感觉实在是太难受了。

还有，学校每次举办大型活动，如长跑、篮球或演讲比赛等，磊磊也都选择视而不见，根本没有报名参加的勇气。看着班级里其他同学在赛场上活泼勇敢地表现自己，赢得老师、同学阵阵热烈的掌声，磊磊只能在心里轻轻地叹一口气，他是又羡慕又无奈，觉得自己太缺乏积极、自信的心态了。

因为这种自我意识的认知评价，磊磊在潜意识里将自己归为性格内向、不善交际的一类。在平时的生活中，磊磊也总爱独来独往，不愿意和身边的同学、朋友有过多的交往。在这种情况下，慢慢地，磊磊成了大家眼中“不合群”的孤独分子。

磊磊曾为此深感迷茫困惑，他渴望自己能够阳光、自信、内心变得强大起来，也无比希望能够和同学们玩在一起，可是却一直改变不了自身胆怯和缺乏勇气的行为习惯。后来，在和爸爸聊天时，磊磊终于鼓足勇气将自己的困惑告诉了爸爸，在爸爸的引导和帮助下，磊磊从学会自我肯定出发，逐步培养自信心，慢慢地走出了这一段迷茫期。

青春随感

在青春成长期，生理、心智的发育，会让青少年的脑海中生成各种各样的问题，让他们产生诸多困惑和不解，也可以说，这就是困扰他们青春期的种种烦恼。实际上，对于广大青少年来说，除上述生理变化、情感以及自我意识认知上的困惑之外，还有诸如学业上、人格上、升学就业等多个方面的困惑。无论遭遇哪一种困惑，青少年都应积极勇敢地坦然面对，及时寻求父母、师长的帮助指导，尽早驱散阴霾，让青春在阳光下扬帆起航，一路抵达明媚的彼岸。

一些常见的心理问题信号

青少年时期，是心理发育成长的关键期，也是心理问题、心理障碍爆发的集中期。现实生活中，很多心理健康出现问题的青少年，在他们早期的行为表现上，实际上已经出现了心理问题的信号，只不过大多数情况下被忽略了。

常见信号一：焦虑失眠，注意力不集中

对于大多数青少年来说，他们精力充沛，求知欲、探索欲都处于旺盛阶段，活泼开朗，阳光向上，是积极健康的心理特征表现；反之，如果发现他们身上出现诸如焦虑失眠、注意力不集中等现象，就要注意他们的心理健康问题了，需要了解他们是否遇到了什么心理障碍。

一鸣是一个爱说爱笑的男孩子，平日里性格活泼，深得大家的喜欢。但是从上初中之后，一鸣的父母慢慢发现他的性情发生了很大的

变化，先前那个快快乐乐的“他”消失不见了，每天放学回家，一鸣脸上都带着一丝焦虑不安的神色。

更让一鸣父母感到惶恐的是，有好几次，一鸣都向他们抱怨说自己夜里睡不着，整夜整夜地失眠，白天昏昏欲睡，提不起一点精神。从一鸣的话语中，他的父母感觉一鸣心理上一定出现了问题，他们想要询问更为具体的原因，但每次和一鸣交流沟通，他都故意避而不谈，无奈之下，父母只好带着他去看心理医生。

在心理医生的开导下，一鸣说出了事情的原委。原来自从上了初中之后，随着学习课程的增多，一鸣渐渐感觉到学业上比较吃力，在班上学习成绩只能处于中游水平，这让一向好胜心极强的一鸣在心理上产生了极大的压力。他也曾想要努力赶上去，谁知学习方法不得当，效果并不明显，这让一鸣更加焦虑不安，久而久之，连睡眠都出现了困难。

心理医生听了一鸣的诉说之后，告诉他别太过焦虑，在学习上稳扎稳打，调整好心态，学业上才会有大的改变；同时也别太给自己压力，每个学期都给自己定一个切实合理的小目标，逐步提升才是正确的应对策略。

一鸣在心理医生的指导下，很快消除了心理障碍，不再焦虑的他，学习成绩也开始稳步上升了。

当然，焦虑失眠、注意力不集中等信号的出现，不单单针对青少年学习上的问题，其他诸如失去朋友的关心、受到了父母的批评等遭遇，都可能导致这些负面情绪的产生。一旦青少年身上有这些情绪信号，家长应当主动去关心询问，帮助他们早日从焦虑不安中走出来。

 常见信号二：郁郁寡欢，情绪低落

郁郁寡欢、情绪低落等行为表现，也是青少年出现心理问题的一大外在信号。遇到这种情况，应当及时对他们进行心理疏导，找到问题的成因并将其成功解决。

小琪是一名高一学生，开学入校后，小琪的班主任通过观察发现，在同学中间，小琪一直比较沉默寡言，脸上总是一副郁郁寡欢的模样，干什么都提不起任何的兴趣。

为了了解小琪的心理问题，班主任主动找到小琪，多方开导，询问其中的原因，在老师的多次追问下，小琪这才敞开了自己的心扉。

原来从初中升到高中的小琪，突然间换了一个新的学习环境，身边没有了好朋友，原本就不善人际交往的她，这时就感到更加孤单了。看到其他同学们在一起有说有笑，自己却无人理睬，心里就更加觉得失落、沮丧，也觉得自己不受欢迎，干脆将自己完全封闭起来，不和身边的同学有任何的交集。她的这种做法，反而导致自己更加没朋友，郁郁寡欢的她，甚至产生了厌学的消极情绪。

班主任得知小琪的心理问题成因后，暗中发动其他同学主动去接近她，帮助她，在同学们的热情开导下，融入了班集体的小琪，脸上也终于露出了开心的笑容。

 常见信号三：出现迷恋网络游戏等不良行为

青少年阶段，是一个从幼稚走向成熟的关键过渡期，从这一阶段

开始，青少年的前后人生将出现一个分水岭：以往一直在父母长辈庇护下快乐生活的他们，将要逐步面对社会，走入社会，迎接社会上的种种挑战。在这个充满着巨大变化、面临多重危机的青春成长期，一旦他们身上出现了迷恋网络游戏等不良行为时，往往代表着这些青少年的心理上出现了较为严重的问题。

在实际案例中，有些青少年的家庭出现了变故，父母婚姻亮起了红灯，不和谐的家庭关系对这些青少年的心理造成了严重的伤害，父母疏于管教，自暴自弃的他们干脆就以沉迷网络游戏的方式来逃避现实，从虚拟的网络世界里寻求精神上的慰藉。

也有一些青少年，在生活或学习上遭受了太多的批评和指责，身上背负着沉重的思想包袱，感到无法排解这些负面情绪的他们，也常常会选择“破罐子破摔”的行为，以打游戏或其他不良行为习惯表达自身的不满和抗议。

在青少年的身上，除了以上一些常见的信号之外，能够反映他们的心理出现问题的信号还有很多。比如，突然变得厌食或暴饮暴食；对平时感兴趣的事情突然变得心不在焉；情绪失落，感到消极绝望；出现攻击他人、肆意破坏身边物品的暴力行为，等等。这些信号都值得警惕，要及时介入，对他们开展必要的心理疏导工作。

在心理疏导之外，青少年也应多去培养自身的积极情绪，多发展一些有益于身心的兴趣爱好，多运动，多和同龄人沟通交往，以此来增加积极的情绪体验，摆脱负面情绪的不利影响。

第二章

青春期的烦恼

青春期，带给青少年的不仅有飞扬的梦想、纯真的理想，也会伴随着身体的成长、生理特征的发育，让广大青少年在心理上产生各种烦恼和困惑：为什么我会长胡子呀？父母为何变得唠唠叨叨起来呢？喜欢异性，却又只能压抑在内心深处，真是好痛苦。诸如这些青春期的苦恼，是青少年在人生成长过程中所必然经历的。所以，请不必惊慌失措，坦然面对才是正确的应对方式。

认识青春期

青春期究竟是什么？该如何正视自己的青春期呢？相信在青少年的内心世界里，都会产生或大或小、或深或浅的疑问。实际上，如果要打一个恰当的比方的话，青春期就如同一只精巧的万花筒，在清透的镜片背后，可以观看到无限夺目璀璨的光影，里面有快乐，有惊喜，有烦恼，有苦闷，也有各种喜怒哀乐情绪的聚合，而所有的这些合在一起，才是青春本来的样子。明白了这一切，青少年也应当调整心态，逐步适应发展变化中的“新自我”，对青春期有一个全面正确的认知。

青春期是青少年身体成长的一个重要变化期

处于青春期的青少年，大多有着充沛的精力、旺盛的求知欲和探索精神，兴趣爱好也极为广泛，这个阶段更是一个人世界观、人生观、价值观塑造、形成的关键点，所以它也常常被人们形容为个体发展成长的“黄金时期”。

既然青春期是人身心发展的重要阶段，那么对青春期的定义又是什么呢？

一般而言，女性的青春期大约在10到18岁之间，男性青春期约在12到20岁之间，相对来说，女性的青春期要比男性提前一到两年的时间。

从阶段划分来看，青春期可划分为青春早期、青春中期和青春晚期三个时间段。早中期的青少年，以身体发育为主；中晚期时，以生理和心理上的发育为主。

对于广大青少年而言，当他们踏入青春期这一成长阶段后，面临的一个首要变化，就是身体的快速发育，身体处于“第二次生长发育高峰”。在这一身体发育期间，随着生长激素、甲状腺激素的释放，青少年在外在体格和生理特征上最为明显的表现，就是肌肉、骨骼等组织快速成长，体格变高，体重变大，生殖系统也得以发育成熟，男女第二性征越发明显。

处于青春期的男生，第二性征的表现极为明显，如喉结突出、嗓音低沉、肌肉骨骼发达、胡须悄然出现等。

女生在青春期，外在也会有非常明显的变化，比如嗓音变得细润起来，乳房逐渐隆起，臀部变大，体态也逐渐丰满等。

除此之外，青少年的身体机能也会在青春期得到进一步的增强。如循环系统的生长会进一步加速；肺部功能趋于完善，肺泡的容量得到增强，肺活量加大，呼吸机能全面提升；在心率和脉搏方面，和儿童期相比，也呈现出逐步减慢的变化趋势。

在这一阶段，青少年的大脑也逐渐发育完善，脑白质总量持续呈上升趋势。与此同时，随着青春期身体的发育，青少年的认知和分析功能也会逐步提升。比如在前额叶皮质会形成更多的髓鞘，随着髓鞘的增多，个体对外界的信息处理效率会得到显著提升，青少年思考、分析和处理问题的能力也会得到增强。

青春期是青少年心理成长的关键期

处于青春期的青少年，体格、外貌、行为模式、情绪表现、自我意识等各个方面逐步脱离儿童时代的一些特征，行为方式、思维认知等更接近成人。其中，青少年的心理成长不容忽视。

在从儿童到成人的心理变化过程中，一步步成长为一个独立自主的个体，突出自主性，是青少年青春期一个重要的发展内容。如果进一步细分的话，青春期的自主性一般情况下分为三大类型：行为自主性、情感自主性和“三观”自主性。

行为自主性，指的是青少年随着个体思维的成熟和对外界事物认知的加深，在面对各种问题时，不再像儿童那样需要时时刻刻去求助大人，而是拥有了可以独立做出判断、分析、决策和选择的能力。当然，受年龄和阅历的限制，在真正做出抉择和选择之时，青少年大多还要依靠身边的同伴给出参考意见，或跟随大多数同龄人的行为做出选择，这时的他们只能算作半独立性的行为主体。

情感自主性，指的是这一时期的青少年，在家庭内部，对父母的依赖程度逐步减弱；在家庭外部，随着他们社交范围的外延，会结交到更多的朋友，对社会的适应程度也因情感自主性的增强而得到极大的提升。

“三观”自主性，指的是处于青春期的青少年，人生观、世界观和价值观都逐渐得以塑造形成，他们对自我人生意义的思考，对外界道德、社会风尚的认知，对人与自然关系的探索认识，都促使他们全新的“三观”理念构建成形。

除自主性之外，这一阶段的青少年在社交关系上，对友谊非常看重。相对于儿童时代的玩伴，逐渐成长起来的青少年，从内心的情感需要出发，更迫切呼唤真诚的友谊。他们珍视友情，在乎朋友的一言一行，并常常对此做出积极的回应。

青少年对情感亲密性的内在需要，自然是他们青春期心理成长变化的一个典型特征，也是他们良好健康社会关系的重要体现。在这一阶段，如果青少年未能和身边的同龄人形成亲密的友谊关系，他们将会品尝到没有朋友的孤独滋味，也会降低对自我价值的认知，这对他们的人生成长往往会带来一定的负面影响。

青春随感

对于广大青少年来说，“成长变化”是青春期中一个永恒不变的主题。在这一时期，不仅青少年的身体外在会呈现一个快速的改变，他们的心理发育也逐渐趋于成熟。但在剧烈的发育变化周期内，他们的内心深处也常会产生自卑、迷茫、焦虑、抑郁等不良情绪，如果他们在这一期间产生的心理问题得不到正确、及时的疏导，那么他们的心理负担和压力就会加重，进而走上更加迷茫、无助，甚至反抗、叛逆的道路。比如生活中很多上网玩游戏成瘾的青少年，就是心理出现了问题，应多给予关心、爱护和帮助。

正视身体的变化

个子长高、第二性征逐步发育，是青少年青春期到来的一个重要标志。显而易见的是，在整个青春期，男生和女生的身体、生理方面都会发生显著的改变。对于青春期出现的种种身体变化，青少年无须羞涩，也不必不安，以平常心正视身体、生理的快速发育即可。

正确对待自我生理上的变化

青春期的生理变化，表现在很多方面，如个子长高了，体重增加了，大脑和生理机能逐步发育成熟等，这些都是青春期的正常变化。

当然，对于每一个具体的个体来说，受先天性的基因遗传、后天的营养补充以及体育锻炼等多种内外因素的综合影响，或许在自身的生理发育上，和身边的同龄人相比会有一些不同的地方。比如，有些青少年的个子长得快一些，而有些青少年身高发育相对迟缓一些，抑或在第二性征方面有差别，对此青少年都应有正确的认知，不必因为发育问题而产生自卑心理。

尧尧是一名刚上初一的学生，有段时间，她一直都暗地里为自己的身材着急。作为一名女生，尧尧的身体长得比较快，比同班的其他很多同学们都高出一头，每当班级集体活动排队的时候，高个子的尧尧，自然就成了“排头兵”的不二人选，女生队列第一名的位置非她莫属。

这还不是最令尧尧感觉别扭的地方，更主要的是她对自己的身材不太满意。单纯个子高一点还好，关键是有点胖，看起来壮壮实实，有点“假小子”的感觉。

爱美是人类的天性，对于处于青春期的女生来说更是如此。尧尧自然也不例外，看上去像“假小子”的她，内心其实喜欢和追求的是苗条的身材，而不是现在的模样。

为了控制自己的体重，也为了满足对身材美的追求，尧尧下决心减少食物的摄入量，每天都故意饿着肚子，早餐或晚餐尽量不吃或少吃。

饿肚子时间长了，尧尧的身体出现了营养不良的症状，尧尧的母亲带女儿去医院详细检查之后，又通过询问尧尧，才得知了事情的原委。

为了解开尧尧的心结，尧尧的母亲和医生一起同尧尧谈心。她们告诉尧尧，青少年在青春期长高变胖，是再正常不过的事情，不能因为过分追求外在的美而忽略了身体的健康成长，要懂得正确看待自我身体在青春期出现的各种变化。

谈话中，医生还告诉尧尧，在日常生活中，保持好合理的膳食结构，做到营养均衡，才能充分保证身体全面发育，决不能通过控制饮食等方式来达到对所谓“身材美”的追求，那样反而会阻碍个体健康成长。

不去嘲笑同伴的生理变化

青春期，正是身体各方面快速发育的“黄金期”，常会导致一些“不太美”的生理特征出现，对此不必大惊小怪。

具体到每一个青少年身上，不仅要能做到正确看待自身的生理变化，还要能用平常心去看待身边同学、同伴在发育期出现的各种变化，做到不嘲笑、不讽刺、不挖苦，和大家和谐相处。

子硕这一段时间非常苦恼，害怕去学校，担心面对班上的同学，其中的原因是什么呢?

原来，随着青春期的到来，子硕的脸上不知从何时起，长出了很多的青春痘，大大小小布满了脸部，任凭子硕怎么想办法，顽固的青春痘依然“傲娇”地挺立着，不给他半点“面子”。

班级里，虽然也有几位同学的脸上长有青春痘，不过都只是寥寥几颗而已，只有子硕的青春痘最多。

班上的大多数同学对此不太在意，只有一名叫苏浩的同学，自从子硕脸上长满了青春痘之后，就不分场合，经常拿这个和子硕开玩笑，这让子硕感觉尴尬万分。

有一次，班上组织活动，大家商议人选时，苏浩指着子硕大声说道："这个事只有痘哥去做最合适。"

当着同学们的面，苏浩公然给子硕起外号，并嘲笑奚落他，这让子硕怒火万丈，两人之间爆发了一场激烈的争吵。

事后班主任将子硕和苏浩都叫了过去，得知两人闹矛盾的原委之后，对苏浩的行为给予了严肃的批评。苏浩此时也意识到自身言行上的错误，知道不应该对子硕青春期偶然出现的"缺陷"加以嘲讽讥笑，并诚恳地向子硕道歉认错。

青少年处于青春期发育阶段，身体发育上难免会出现一些"不和谐的音符"，不过这些都是正常的生理现象，对待身边的同学朋友，应当宽容友善，不应随意嘲笑和讥讽他人。

追求外在美的同时，更要学会去追求自身的内在美

青春期是从儿童到成年的过渡期，也是青少年人生的一个重要转变期，此时的青少年处于一个"羽化成蝶"的关键阶段，这就意味着每一位青少年都要做好迎接个体成长、身体逐步发育成熟的心理准备。

爱美之心，人皆有之。现实生活中的青少年，在爱美天性的驱使下，有时会过分注重自身的外在美，男孩子希望能变得阳光帅气，女孩子渴望能容貌出众，这种心理上的渴求本也无可厚非。然而，有一些青少年太过注重自身的外在美，他们热衷穿衣打扮，追求奇装异服，认为唯有如此，才能将张扬的青春美释放出来。

实际上，外在的形象美是一个方面，内在的品质美、气质美、心

灵美更为重要，内外兼修，才是最美的青少年。

明白了这一点，青少年要树立正视自身生理变化的正确观念，不应花费太多心思刻意追求外在美，应把主要精力用在培养内在美上，比如努力学习文化知识、树立良好的道德品质等。

同时，当生理上的一些变化不太符合自我的心理预期时，也不必自卑和紧张，平时应当多去了解一些青春期的常识，以平常的心态去看待青春期的变化，克服自卑、惶恐的负面情绪，认识到这是个体逐步走向成熟的一个重要标志，然后去勇敢地面对它、拥抱它，感悟其中的新奇和喜悦。

你的好奇是正常的

个体生理的发育，是青春期广大青少年最为显著的外在变化。在这期间，随着性生理成熟期的逐步到来，青少年潜藏在心底的性意识，此时也渐渐开始觉醒、萌发、出现，对异性有了想要进一步亲近的感觉，对自身生理特征的显露也充满了好奇的心理。很多青少年也由此产生疑惑，他们会悄悄地在心底问自己：我的这些好奇心理是正常的吗？

青春期，青少年的好奇行为都有哪些具体表现呢

性生理的逐步成熟，是青少年青春期生理发育的重要标志，表现在心理上，会由此产生种种好奇的念头。一般情况下，主要有这样几个方面。

一是对自身的第二性征的发育感到不解和好奇。比如一些男孩子

在十几岁的时候，会慢慢长出胡须，喉结变得突出，嗓音也转为低沉等，他们会对这些悄然出现的第二性征产生好奇的念头，也常会暗中观察身边的同龄人有没有类似的现象，会不会比自己更为明显一些。这些好奇念头，自然也会激发青少年的探索欲望。他们或询问父母，或通过阅读讲解相关生理知识的书籍，寻找他们想要的答案。

二是对有关性方面的话题产生浓厚的兴趣。处于青春期的青少年，随着性意识的逐步觉醒，对于这方面的生理知识，既好奇兴奋，又羞于谈论，因此往往会借助讲解相关生理知识的书籍去了解。

三是对异性会产生强烈的好感，喜欢接近、亲近身边同龄的异性。随着性生理的成熟、性激素的增加，无论男生女生，都会对异性好奇并产生进一步了解的想法。

有好奇心是正常的，正确对待是关键

青少年在青春期产生的诸多好奇念头，是非常正常的一种心理行为，无须自责，更不必惊慌失措，关键是要学会正确对待。

瑞博是一名高一学生，进入新学校、新班级之后，他发现自己喜欢上了班上的一名女同学，对方的一言一行、一颦一笑，瑞博都格外关注，如果哪天看不到那名女生的身影，瑞博一整天都会感到寝食难安。

因为喜欢这名女孩子，瑞博的心里便有了接近、了解和保护对方的强烈想法，但一向品学兼优的他，又感觉自己的这种行为是错误的，担心影响自己的学业。于是矛盾纠结的瑞博，很快陷入了焦虑痛苦之中，每天无精打采，心不在焉，学习成绩很快一落千丈。

幸运的是，星期天瑞博在书店无意中发现了一本有关青少年青春期方面的书，他赶忙买了下来，回去后仔细翻看。书中有类似瑞博这种情况的例子，作者在书中寄语广大青少年：在青春期，青少年对身边同龄异性的好奇和喜爱，是一件非常正常的事情，不要将这些当成不健康的想法，更没必要让自己陷入自责和惶恐不安的状态中。

通过认真的阅读对比，瑞博的心结也慢慢地解开了。他明白自己当前的主要任务，就是搞好学习，等到上了大学或参加了工作之后，那时已经成人的他，就可以大胆勇敢地追求喜欢的异性，和对方牵手一生。

瑞博的心结解开了之后，不再纠结痛苦了，能够做到大大方方地和对方交往，坦然以对。当初那个开朗阳光的少年，又重新“回来”了。

显然，青少年在青春期出现的种种好奇心理，是伴随着生理发育的正常现象，尤其是对异性的好奇心，决不能将其看作洪水猛兽，正确的做法就是坦坦然然、光明正大地去面对它。

同时，在另一方面，青少年要学会控制内心的欲望与冲动，树立正确的道德观。在日常生活中，青少年在了解相关的生理知识时，要注重培养自身强大的意志力，将主要精力放在读书学习和身体锻炼上面，懂得自觉抵制那些低级庸俗的课外读物，不要误入歧途。

青春随感

青少年处于生理、心理发育的关键期，一定要培养阳光积极的心态，不断提升自控力。有好奇心不可怕，可怕的是在好奇中迷失了自我。所以，当自己遇到困惑或好奇的问题时，不要一味地藏在心里，要多和身边的父母、朋友沟通交流，听取他们正确的见解。

同样，作为父母，应放下姿态，多去主动关心孩子。日常生活中，和他们多沟通、多交流，聆听孩子内心的真实想法，给予他们正确科学的引导，帮助他们树立对生理发育的健康认知，减少他们被压抑的情绪，全心全力配合孩子，将他们的身心发展调整到一个良好的状态之中。

和父母分享你的小秘密

处于青春期的你都有哪些隐藏在心底的小秘密呢？你是否在遇到困惑和迷茫时，有勇气将这些小秘密拿出来和父母一起分享，请他们给予指导和帮助呢？

青少年为什么不愿和父母分享自己的小秘密

当孩子慢慢长大，进入青春期之后，很多父母会悄然发现，曾经乖巧懂事、愿意亲近和依赖父母的孩子不见了，取而代之的是，孩子常常封闭自我，将心门牢牢“锁住”，动不动就以需要隐私空间为借口和父母对抗，不让家长轻易涉足他们的内心世界。

晶晶的父母就遇到了这样的情况。小时候的晶晶，特别愿意和父母亲近，遇到新奇的事情，就缠着爸爸、妈妈问个不停。

等到晶晶上了初中之后，一切都变了。晶晶不再每天围着父母转，一放学，就把自己关在屋子里，不允许父母随意打扰她。

有一次，晶晶的妈妈给女儿整理房间，无意中发现学习桌的抽屉里有一本日记。在好奇心的驱使下，晶晶的妈妈翻开看了一下，里面记录的是女儿青春期的一些烦恼和情感方面的小秘密。

事后，晶晶的妈妈在和女儿聊天时，询问起女儿日记本中记录的问题，晶晶当即警惕起来，很快明白妈妈一定背着自己偷看了自己的日记。

在得到确认后，又羞又气的晶晶顿时恼怒起来，和妈妈大吵了一架，一连半个月都不愿和妈妈和解，说妈妈侵犯了自己的隐私权。最后，晶晶的妈妈不得不低头向女儿道歉，保证从此以后尊重晶晶的隐私权，这才得到了晶晶的原谅。

案例中的晶晶，为何那么在意自己的隐私？为什么不愿将心里的小秘密拿出来和父母分享呢？其中的原因在于，处于青春期的青少年，随着自我心理的发育成长，渴望拥有个体独立的隐私空间和隐私权，如果这种隐私诉求被冒犯，他们会认为没有得到应有的尊重。

现实生活中，类似晶晶这样看重自己隐私权的青少年不在少数。从心理发育上看，这一阶段的青少年和他们的孩童时代相比，心智和思维认知相对成熟了许多。在自我意识觉醒的情况下，他们就会产生被尊重的心理需求，个体独立意识日益增强，也渴望能够和成人一样，隐私权能够得到充分的保证，从精神层面上摆脱对父母的依赖。

然而这一时期的青少年，心理上的成熟度和成人相比还是存在着一定的差距，换言之，他们的心理还属于半成熟状态，介于成人和孩童这个中间过渡阶段。因此，青少年一方面渴望精神独立，希望构建自己的隐私空间；另一方面他们心理上的半成熟状态，也让他们很难真正脱离父母的关爱和呵护而独立存在，在遇到矛盾与棘手的问题时，依旧需要从父母那里寻求解决的办法。

正因如此，在这种矛盾心理下，很多青少年为了展现个体的独立意识，往往会刻意隐藏自己的小秘密，不愿和父母分享，一旦隐私遭受冒犯，就会非常苦恼，甚至与父母爆发冲突。

和父母分享自己的小秘密，释放压力与烦恼

青少年有个体独立意识，渴望隐私空间不受冒犯，这种心情可以理解。然而青少年还应明白的是，从咿呀学语开始，自己能够得到茁壮成长，离不开父母的精心呵护与抚育，父母为此付出了无数的心血。

应当说，在人生成长的路程中，父母不仅是青少年生活启蒙的第一任老师，也永远是他们前行道路上的呵护者，当自己遇到困惑、纠结、矛盾、迷茫等难题时，不要将这些小秘密压在心底，而应该勇敢地拿出来和父母分享，听取他们的意见与建议。

比如，喜欢上身边有才华的异性，和朋友发生了矛盾冲突，在班级里被一些同学故意疏远，或者是生活上其他的秘密、困惑与烦恼等，当被这些问题困扰时，一个好的解决办法是，大胆地将心中的小秘密说给最亲近的父母听，勇敢地向他们吐露心扉，相信在父母的理解、开导和鼓励下，一定能放下思想包袱，轻装上阵，去笑迎青春、享受青春，用活力和激情演绎好人生中这段最精彩、最绚丽的乐章！

| 第三章 |

叛逆很酷吗

青春期是一个绚丽多彩的时期，处于其中的青少年，充满了蓬勃的朝气与活力；青春也是一段个性张扬的年华，在青葱岁月中，努力活出自我的精彩，敢于表达内心的想法，是每一位青少年所渴望追求的生活方式。但需要明白的是，个性不等于叛逆，叛逆和帅酷之间画不上等号，以叛逆的方式彰显自我，是愚蠢和不明智的表现。

叛逆行为背后的心理秘密

如果说活力四射、风华正茂是青少年身上最靓丽的色彩的话，那么青春期的叛逆，则是另一种灰暗的颜色。它就好比是青春艳丽外衣上的一块刺眼的“污渍”，让这“美丽的新衣”暗淡了不少。

谈到叛逆，这是青少年身上最为常见的一种行为方式，可以说，几乎所有青少年身上都有过叛逆的痕迹，从进入青春期开始，身体和生理渐渐成长发育的他们，慢慢地有了叛逆的言行表现。只不过有些表现得轻微一些，心存不满，选择对父母长辈无声抗议；有一些则表现得较为激烈一些，和父母长辈之间稍有一点火星，便会迅速点燃内心的“火药”，立即以剧烈的反抗行为表现出来，有时甚至达到了连自己都无法控制的地步，明知这种叛逆是不对的，却难以控制个体叛逆心理的失控发展，如脱缰的野马一般，滑向失衡的深渊。

青少年为何会出现叛逆行为呢？他们叛逆背后的心理密码又是什么呢？

 原生家庭的因子，种下了叛逆心理的种子

现实生活中，在一些原生家庭里，父母对孩子教育方式的不当，容易让孩子埋下日后叛逆的种子。

比如有些父母不会和孩子平等地交流沟通，他们在管教孩子时，动不动责骂，这样很容易造成亲子关系的疏远，令亲子关系产生心理隔阂。当生活在这种家庭环境下的孩子步入青春期，再次面对父母不当的管教方式时，自然就会在潜意识里产生反抗情绪或行为，久而久之，就养成了叛逆心理，处处和父母作对，越是父母反对的，就越要故意去做，以此来达到激怒父母、宣泄心理压力的目的。

也有一些父母，虽然在心里非常疼爱孩子，却常常将自身过高的期望值全部寄托在孩子的身上，逼着孩子去做一些他们不喜欢的事情，如参加各种兴趣特长班等，以严格的高标准要求孩子，希望孩子不会输在人生的“起跑线”上。

殊不知，这种严厉高压的教育方式，有时候会适得其反。这种伤害了孩子自由烂漫天性的做法，很多时候会导致孩子在进入青春期之后，过早地出现严重的叛逆行为，孩子往往会通过叛逆行为来表达内心的反抗与不满。

小爽就是这样的例子。小爽的父母都是大学老师，拥有很高的文化素养，自身非常优秀的他们，对儿子小爽自然也寄予厚望。所以，从孩童时代开始，小爽就必须按照父母早已商量好的培养计划学习各种技能，弹钢琴，学绘画，练书法，每天的时间都安排得满满当当的，再加上文化知识学习，小爽几乎没有属于自己的自由时间。

最初的时候，小爽对弹钢琴、学习绘画和书法还比较感兴趣。然而时间长了，小爽看到同龄的孩子都有快乐玩耍的时间，心里羡慕万分，他试着说服父母少给他安排一些课外辅导课，多给他一些学习上的自主权，结果每次都被无情地拒绝了。父母为了让小爽安心学习，还苦口婆心地教育他，说这一切都是为了他好，现在吃点苦、受点累，将来才能出人头地。

进入青春期的小爽，越来越不满父母对他的安排和控制，叛逆心理快速滋生，每天都故意在外面玩到很晚才回去，回家后动不动就和父母吵架，学习成绩自然也直线下降。

直到此时，小爽的父母才发现了问题的严重性，曾经的“乖孩子”变成了“问题少年”，究竟是哪里出了问题呢？他们不知道的是，小爽的表现在很大程度上，都是他们太过严格的控制行为造成的。

还有一些原生家庭，父母情感不和，家庭内部矛盾重重，火药味十足；或者是离异的单亲家庭，父亲或母亲一方疏于对孩子的教育引导。孩子在渐渐长大之后，也会过早地进入叛逆期，他们常选择以和父母对抗的方式，来宣泄心中压抑、积累已久的负能量；或者试图以这种叛逆行为下特立独行的表现，唤醒父母对他们的关注和爱。

青少年独立意识的增强，也是导致他们产生叛逆心理的一大成因

青少年，介于儿童和成人之间。随着生理和心理的发育成长，他们的自我独立意识和自主意识也迅速得以萌发成长，在这种心理意识

的支配下，青少年渴望个体独立，急于摆脱父母对他们的控制与束缚，逐渐就走上了叛逆的道路。

也有一些青少年，受好奇心理的驱使，越是父母禁止什么，他们就越是想要去探索、去尝试，甚至纯粹就是为了和家长对着干。在他们不太成熟的心理层面上，感觉能够和成人对抗，看着父母难以约束他们的那种无可奈何的表情，心理层面有一种得意的快感，这也使得他们在叛逆的道路上越走越远。

小安上了初中之后，就不愿再被父母管教，看到身边的一些同龄人身着奇装异服、个性张扬，就要求父母也给他买，一旦要求得不到满足，就大吵大闹。

父亲和他谈话沟通，询问他为什么不愿听取父母的教导，小安一脸不屑地回答："我已经长大了，不再是小孩子了，你们以后别过多干涉我的私人空间好不好？真是太烦人了。"

有时父亲实在是看不下去，管教得多了，小安直接来一句："你们要是再这样，我可就要离家出走了啊！远离你们才清净。"时间长了，面对越来越叛逆的儿子，小安的父亲心灰意冷，也索性懒得管了。

叛逆，是对自己的一种伤害，也是对父母、师长深沉情感的辜负。当然，对于叛逆心理的产生，青少年也不必太过讳莫如深。从人生的成长轨迹来看，青春期出现叛逆行为，也是个体心理发展规律的一种外在体现，青少年需要做的就是早一步察觉并适时做好情绪调整，努力将叛逆限制在可控的范围之内。

你到底在抵触什么

青春期的叛逆行为，是青少年心理发育的一个必经路径，其中存在着多种多样的原因。如果进一步分析研究的话，青少年的叛逆，究竟是为了什么而叛逆呢？或者说，他们叛逆的目的是什么？思想上在抵触哪些东西呢？

抵触来自父母的唠叨与指责

生活中，谈到青少年的叛逆，很多家长都倍感苦恼和困惑：小时候那么乖巧懂事、看到父母就扑过来亲近撒娇的孩子，为什么进入了青春期之后，就完全变成了另外一种模样呢？不愿和父母沟通交流，不愿和父母袒露心扉，不说吧看着心里难受，说多了吧，又惹孩子反感，真是一不小心就将孩子培养成了父母的“敌人”。家里有一个叛逆的孩子，惹不起，骂不得，想想都头疼万分。

这些父母的“牢骚”，可谓代表了大多数家长的心声。他们不明白的是，在生养孩子的过程中，父母任劳任怨，明明付出了那么多，为什么换回来的却是孩子的不满和反抗呢?

反过来，具体到青少年的身上，从最初事事依赖父母，发展到后来逐渐刻意疏远父母，有些叛逆心理严重的青少年，还试图离开辛苦养育他的原生家庭，他们心里也常常有一股怨气在郁结，那么这些处于叛逆期的青少年，他们究竟在抵触什么呢?

仔细观察身边具有较强叛逆行为的青少年，从中不难发现，他们的叛逆行为，以抵触父母的唠叨和指责为一大目标。生活中有些父母对孩子爱之深、责之切，对于孩子的言行举止，他们总忍不住去“品头论足”一番，唠叨，是他们家庭教育的常态。

在这种家庭教育环境下成长起来的青少年，对来自父母喋喋不休的唠叨非常反感，他们就以反抗的方式表示抵触。在父母眼中，这些叛逆的子女自然成了不听话的孩子。

小博的妈妈就属于这种类型。平日里，她对小博的生活、学习非常关心，嘘寒问暖，关怀备至。

但有一点不好的是，小博的妈妈太爱唠叨了，什么不讲卫生了，放学不按时回家了，花钱大手大脚了，等等。凡是她看到不满意的地方，就会忍不住数落一番。

小博也知道妈妈这样做是为了自己好，然而天长日久，一举一动都会被妈妈指责批评，这让小博烦不胜烦，一开始他还能忍耐，后来终于爆发了，直接出言顶撞妈妈：“你能不能少说一点，让人家耳根清净一些，再这样下去，我都快要发疯了，烦死了!”

唠叨，也许是父母表达对子女的爱和关心的一种方式，不过因为忽略了孩子的心理感受，反而适得其反，造成亲子关系的对抗和抵触。

 抵触父母的过度控制和隐私干预

对于青少年来说，很多时候，面对父母的唠叨，或许忍一忍就过去了。但来自父母过度的控制和隐私干预，极易引起青少年的情绪反弹，会遭受他们的强烈抵触。

在蕊蕊眼中，她的父母有着强烈的控制欲。小时候的蕊蕊还感受不明显，渐渐大了之后，她对父母极强的控制欲感受至深。

蕊蕊上了初中之后，为了学习需要，配备了一部电话手表。只要一有时间，她的父母就会给她打电话过来，问她吃了什么饭，今天学习怎么样……

父母对自己学习和身体上的关心，蕊蕊倒也理解，然而有时蕊蕊放学，和几个好朋友出去玩一会儿，也事先和父母说好了回家的时间。谁知刚出去没多久，父母的电话就随之而来了，一直接连不停地打进来，询问蕊蕊在外面的情况。如果蕊蕊感觉受到了干扰，不接电话的话，他们就会不停地打，直到蕊蕊的电话手表没电。

尤其令蕊蕊难以忍受的是，父母以关心她为借口，一有机会就拿过蕊蕊的电话手表翻来覆去地查看，看她和哪个同学联系了，有没有早恋的迹象等。

其实蕊蕊也知道，父母这样做也是为了她好，担心她的人身安全，想多了解她一些。然而过分的控制和干涉，让蕊蕊如同窒息一般，心

情十分压抑。负面情绪不断累积的蕊蕊，对来自父母的“爱的控制”有着强烈的抵触心理，发展到最后，她和父母之间爆发了一次激烈的争吵，让浓浓的亲情出现了裂痕。

青春随感

青少年的心理发育和成长，有着独特的发展规律，追求个性张扬、向往自由的他们，往往会对来自外界的批评和束缚产生严重的抵触心理，并且在这种心理支配下，表现出叛逆的一面。作为父母，应多去了解青少年的心理发展状况，在关爱他们和给予他们自由之间，把握一个合理的度。不要去过多地压制，越压制，越适得其反。

同理，青少年对来自父母的管教和约束，也要多一分理性的思考，对的地方应听从，不对的地方，也不要针锋相对。以叛逆的方式对抗父母，并非正确的解决办法。

去沟通，正确表达内心的想法

沟通，是维护良好人际关系的一种重要交流方式，通过沟通，能有效达成共识，化解彼此内心存在的“壁垒”，矛盾冲突也因此得到解决。

同样，对于青少年来说，想要获得父母的理解和支持，仅靠叛逆是解决不了任何实际问题的，反而还会和父母的关系变得紧张起来。积极沟通，在父母面前正确表达内心的想法，才是最佳的应对策略。

主动和父母沟通，让沟通无障碍

处于青春期的青少年，在逐渐觉醒的自主意识和独立意识的支配下，身上会或多或少地表现出叛逆的行为，在父母面前不再温顺乖巧，言语行为之间也会出现冒犯、顶撞父母的情况，这也不是太大的问题。其中的关键在于，青少年要有清醒的自我认知，不能随意“放大”与父母之间的矛盾和自身的叛逆行为，不要时时处处故意和父母作对，那样做，会让亲情关系蒙上一层厚厚的阴影。

不知从何时起，琪琪成了大家眼中叛逆的孩子。他将自己的叛逆行为都归结到父母身上，认为这一切都是他们“步步紧逼”的结果。

比如在家庭生活中，有些邋遢的琪琪没少被妈妈批评，妈妈总是指责他不讲个人卫生，垃圾随意丢弃，还要父母为他打扫。

学习上，琪琪的爸爸对他要求也非常严格，学习成绩不太好的他，每一次考试成绩出来，都会遭受爸爸的严厉指责，爸爸总是一副“恨铁不成钢”的模样，让琪琪感觉很难受。

渐渐地，感觉很迷茫、很无助的琪琪，就走上了叛逆的道路。他想既然自己在父母眼里什么都做不好，得不到他们的认同和肯定，干脆就“破罐子破摔”，以此来作为对父母批评指责自己的一种反抗。

琪琪的班主任在得知情况后，特意找来琪琪，语重心长地和他展开了一次长谈。在班主任的开导下，琪琪逐渐认识到了自身言行上的错误，表示回去后要主动和父母沟通，消除彼此之间存在的隔阂。

回到家后，趁着父母还没有下班回家，琪琪先是将屋里的卫生打扫了一遍。父母回来后，看到眼前整洁的环境，不由惊讶万分。琪琪趁机主动向父母承认错误，接着又说出了自己叛逆的原因，是因为父母只有批评，没有鼓励，才造成了他的逆反心理。

琪琪的父母也意识到了以往言行上的不当，也高兴地表示以后要多和儿子交心，不再一味地否定他，要听取他内心真实的想法，让双方的沟通无障碍。

现实生活中，在一些青少年的认知中，他们常把父母看作尊敬的长辈，认为自己和他们之间存在着“代沟”，因此在遇到矛盾问题时，不去主动沟通，也不愿沟通。事实上，青少年的这种想法是错误的，遇到问题时，只有勇于和父母展开沟通，才能及时化解双方之间的矛盾与冲突。

 会巧妙沟通，赢得父母的认可与支持

沟通的目的，是拉近双方的心理距离，将内心的分歧点摆在明处，通过思想上的交流碰撞，化解矛盾冲突。

在青少年的人生成长中也是如此，学会和父母沟通，在沟通中达成一致的共识，内心所有的愤懑、不满自然也一扫而空。

思思上了初中之后，迷上了魔方。为了尽快提升自己玩魔方的水平，思思还报名参加了学校里组织的魔方兴趣小组。

头脑机敏、善于学习的思思，玩魔方水平在短时间内得到了很大的提升，成了学校里玩魔方的佼佼者。

有一次，市里组织青少年参加魔方大赛，思思也被同学们鼓励报名，让他不要错过这个展示自身能力的好机会。思思也非常渴望能够参加比赛，名次倒无所谓，关键是可以和众多的魔方高手们在一起交流切磋。

思思回家后，和爸爸说出了内心的真实想法，希望可以得到爸爸的支持。思思的爸爸听了，直接明确地拒绝了，他让思思以学习为重，其他不要多考虑。

思思知道爸爸反对自己是出于对魔方的误解，怕自己玩物丧志。

因此，晚上放学后，思思再次找到爸爸，详细地和爸爸讲了魔方的许多优点，说它益智健脑，不仅不会耽误学习，反而还能有助于大脑思维的锻炼。

听了儿子的讲述，思思的爸爸还有些不太相信，随后他和儿子一起在网上查找了关于魔方的一些信息，发现国内外很多玩魔方的超级高手，都有着“最强大脑”的美誉，确实是一种益智活动。

看到爸爸脸色缓和了下来，思思当着爸爸的面，展现了自己玩魔方的才艺，短短几秒时间，他就将看似杂乱无章的魔方还原成颜色整齐划一的模样。思思的爸爸看了，在暗暗佩服儿子的同时，也很快改变了对魔方的偏见。

改变了观点后，思思的爸爸决定大力支持儿子的想法，前提是只要不耽误学习就行，思思也高兴地答应了。

思思的做法，抓住了沟通的关键，在勇于表达内心真实想法的基础上，巧妙沟通，不吵闹，不纠缠，而是抓住对方心理上最担心的地方“逐一击破”，从而获得对方的高度认同，这样在无形中就赢得了爸爸的支持，也有效避免了矛盾和争吵。

不要将父母的爱拒之门外

如果要问，世间最无私、最深沉的爱是什么？恐怕非父母对子女的爱莫属了。在这个世界上，不求回报，一心一意愿意为我们付出的人，也只有自己的父母。所以，放下自我的叛逆心理与行为，无论我们的父母再平凡、再普通，他们的爱都是伟大的，请走近他们，接受他们炽热的爱和关怀。

父母的爱是无声的，也许他们只是不善于表达

天下没有不爱自己孩子的父母，但在一些青少年的内心深处，他们常常错将父母无声的爱视作漠视，由此产生叛逆的心理与行为。

在佳佳从小的印象中，她的父亲是一个不苟言笑的人，平时表情严肃，不善言辞。

小时候的佳佳，每次考试取得不错的成绩时，都想要将这份喜悦和父亲分享，但每次父亲听了她的分数、名次之后，只是淡淡地说一句“我知道了”，其他再无任何的表示。

久而久之，佳佳习惯了父亲的这种“平淡”和“冷漠”。后来渐渐长大的她，每当自己有心事时，宁愿独自去承受，也不愿和父亲有过多的交流。

一晃佳佳步入了高中，陌生的校园环境，学习上的压力，加上她看到身边同学的父母对他们都关爱有加，唯独自己的父亲每日里依旧沉默，似乎对她漠不关心。这些都让佳佳的内心多少有了一些叛逆心理，更不愿和父亲多说什么。

高三时，学习更紧张了。父亲有时也想主动询问一下佳佳的学习情况，关心一下她的身体，可是从心理上刻意疏远父亲的佳佳，总是敷衍地应付一下父亲，三言两语就结束了两人之间的谈话。

临近高考时，佳佳特别焦虑，入睡困难，夜里睡不安稳，精神状态受到了很大的影响。她的异常变化，也很快被父亲察觉到了。

一天凌晨，佳佳又失眠了，翻来覆去睡不着的她，索性起床走出卧室，忽然看到父亲一个人静静地坐在外面的房间里。

佳佳随口询问父亲，这么晚了怎么还没睡？父亲回答说看她这段时间睡不好，担心有蚊子影响她，就帮着她驱赶蚊虫。

虽然只是简简单单的一句话，却让佳佳瞬间感动万分，她眼中没有太多语言表达的父亲，却爱她爱得如此深沉。这份沉甸甸的父爱，是世上最难能可贵的，以前有些叛逆的她，却忽略了和父亲心灵上的交流，关闭心门，将父亲无声的爱拒之门外。

没有父母不爱自己的子女，就像佳佳的父亲一样，担心女儿睡不好，用最质朴的方式来爱护她，这样的爱，又怎能不令人感动、不令人感觉温暖呢？父母的爱，往往隐藏在平凡而又普通的岁月里，用心去观察体会，一定能够从中发现父母那些体现在生活细节上的无微不至的关怀和爱。

 理解父母，用宽容的心去拥抱他们

在父母眼中，每个孩子都是他们心中独一无二的存在。无论在生活或工作中面对多少风雨，遭受多少挫折，他们也要拼尽全力，为自己的孩子撑起一片晴朗的天空，唯愿孩子一生平安顺遂，快乐无忧。

父母的爱，深沉又伟大，青少年应试着去走近他们，理解他们，接受他们爱的拥抱。

小鑫上了初中之后，渐渐开始对父母不满意起来。原因其实也不复杂，进入了青春期的小鑫，在内心深处有了攀比心理。他看到身边同学们的父母，很多都是衣着光鲜、事业有成的成功人士，反观自己的父母，是再普通不过的打工者，一对比，双方的差距就显现了出来。

在这种微妙的攀比心理下，小鑫的叛逆行为也渐渐多了起来，父母无论说什么，他都站在对立面，有时面对父母的指责，犯了错误的

小鑫不仅不认错，反而还振振有词地回击说："你们的思想太落伍了，我的事情你们别插手。"

更让小鑫父母难受的是，每次学校开家长会，小鑫总是一再"强调"："明天学校要开家长会了，你们要去的话，注意点儿形象，别让我在同学面前没面子。"

为了照顾儿子的感受，小鑫的父母不论谁去参加家长会，都会把家里最好的衣服拿出来。即使这样，小鑫依旧不满意，总是抱怨父母的衣着打扮太土了，看起来一点也不时尚。

有一次，学校临时召开家长会，小鑫的父亲得到消息后，看到时间来不及了，直接向单位请假，穿着工装就过去了。

小鑫在教室外面等候，看到父亲竟然穿着旧工装过来了，当时就急红了脸，对着父亲喊叫道："你怎么一点都不注意自己的形象呀！丢死人了，以后别来参加家长会了。"

正当小鑫父亲手足无措时，班主任从旁边经过，他简单了解了事情的经过后，一把拉住小鑫父亲的手，亲切地对小鑫道："你看你爸爸下班都没有回家，直接就赶过来了，看看对你多重视！你要为有这样的好爸爸感到骄傲。"

虽然班主任没有直接批评小鑫，不过他也听出来班主任话语里的意思，想要红着脸辩解，班主任却摆摆手继续道："曾经我也有过与你类似的心理，小时候认为自己的父母没本事，不能给我更好的生活。但在我逐渐长大后，才深深明白，天下每一位父母，都竭尽所能把他们认为最好的东西给了我们，一路为我们遮风避雨，所以我们要学会去理解、去接纳他们的爱，懂了吗？”

班主任一番语重心长的教导，让小鑫意识到了自己的错误，他诚恳地向父亲认错道歉，获得了父亲的谅解。

青春期中的青少年，不应因为叛逆或攀比心理，去做伤害父母感情的事情，要将心比心，勇敢地张开怀抱，拥抱父母最纯真的爱。

脚踏实地，一步步去实现自己的理想

青春期是人生中最为美好的一段岁月，对未来的向往和憧憬，以及人生理想和远大目标的确立，都是在青春期形成的。处于青春期的青少年应当清楚的是，无论是渴望改变自己，还是渴望创立一番辉煌的人生事业，都需要清醒地认识自己，将叛逆的行为化为追求理想的动力，脚踏实地，一步一个脚印，才能将梦想变为现实，让青春和理想在踏实肯干中绽放出绚烂的色彩。

好高骛远，终将一事无成

在每一位青少年的青葱岁月中，都有仰望星空的美好愿景，希望人生能够插上理想的双翼，展翅高飞，去领略山高人为峰的美妙。

然而有这样一些青少年，他们也许有着远大的追求和梦想，却因叛逆行为下好高骛远的性格缺陷，让追逐梦想的脚步戛然而止。

在中国历史上，项羽有着“西楚霸王”的美誉，在秦末乱世中，他曾和汉高祖刘邦上演了一场“楚汉争霸”的精彩对决。遗憾的是，项羽最终折戟沉沙。他的失败，除了犯了重大战略失误外，还和他从小养成的好高骛远的性格有关。

小时候的项羽就孔武有力，有着复兴楚国的宏伟抱负，他的叔父项梁一开始也非常看好他，从学习文化知识入手，对他倾心培养。

谁知学习了一段时间之后，项羽就不耐烦了，觉得文化知识没有什么用处，再说喜欢舞枪弄棒的他也学不来，随后便要求项梁教授他剑术，觉得练剑比较有意思。

哪知学习剑术没有坚持多长时间，项羽又沉不住气了，没有耐心继续练下去，干脆弃剑不学。

项梁见状，气得哭笑不得，他指责项羽好高骛远，这也看不上，那也不想学，这样怎么能行呢？

面对叔父的批评，项羽不以为然，反而理直气壮地顶撞了回去：“读书写字用处不大，能写自己的名字就可以了；练习剑术也不行，只能和有限的几个人比试高低，这些我都看不上。我要学，就学可以敌万人的本领，要做，就做一个万人敌。”

项羽的口气很大，梦想成为一名指挥若定的军事家。项梁暗暗叹了一口气，但转念想到项家作为楚国贵族，想要复兴楚国伟业，也只有尽力去培养项羽了。

就这样，项梁又开始教授项羽兵法韬略、排兵布阵的本领，然而没坚持多久，项羽又心生厌倦，将书本一丢，又失去了兴趣。

项羽本身的资质不错，又有复兴楚国辉煌的远大抱负，然而他好高骛远的性格，少年时不愿服从叔父教导的叛逆行为，也为他日后的失败埋下了伏笔。

志存高远且脚踏实地，在拼搏中展现青春最美的风采

青少年应改正身上的叛逆习气，早早树立远大的目标和理想追求，志存高远，让昂扬向上的人生从此刻启航。

寻梦，筑梦，圆梦，青少年在追逐梦想的道路上，任何时候都要告诉自己：脚踏实地是第一，叛逆要不得。

张颖从小就喜爱乒乓球运动，她的梦想是能够成为一名专业的乒乓球运动员，在赛场上挥洒汗水，为国争光。

但从一开始，张颖的身上有着较强的叛逆行为表现，在教练教授她相应的击打技术时，张颖有时不愿听从，故意和教练对着干。

教练察觉了她的这种心态，一次和她促膝长谈，告诉她“宝剑锋从磨砺出，梅花香自苦寒来”的道理，想要实现心中的梦想，非要脚踏实地、努力拼搏不可，好高骛远、夸夸其谈是没有任何益处的。

教练的一番话，让张颖意识到了自身以往的言行错误，从此之后，她一改叛逆行为，一有时间就和教练在球馆中勤奋练习。

在练习之余，张颖还积极参加市内、省内各种乒乓球比赛，通过比赛，促进个人球技的提高。日复一日，年复一年，张颖的辛勤努力也有了好的收获。在各类比赛中崭露头角的她，收到了入选省队的邀请，进入省队，意味着她走上了一个更为广阔的平台，如果表现优秀，入选国家队也大有希望。

张颖的人生故事告诉青少年，在追梦的道路上，扎扎实实，一步一个脚印，最终才能圆梦成真。

青春随感

青少年是国家和民族进步的希望，也是时代发展的中流砥柱。青少年要懂得去珍惜青葱岁月的美好时光，从小就应当立下远大的鸿鹄之志，和时代的发展步伐同频共振。

理想的实现和目标的追求，离不开脚踏实地的正确态度，青少年既要做到仰望星空，立志高远，又要埋头奋斗，砥砺前行，将脚踏实地当作志存高远的铺路石。在日常生活中，抓紧一切可以利用的时间，去除叛逆心理，舍得下狠心、花力气，勤奋地学习各种科学文化知识和社会知识，在学习中不断地提升自我，追风赶月，踏浪前行，不负韶华，让青春充满热血和激情。

| 第四章 |

从拖延走向自律

在人的性格特征和处事方式态度上，拖延和自律总是一对处于对立关系的矛盾体，此消彼长。做事爱拖延的人不自律，越拖延越懒惰，越是对自律产生畏惧心理。在这种状态下，自然就会慢慢陷入一个解不开的循环死结中，干什么都提不起精神，往往导致一事无成、年华蹉跎。

纵观古今，那些取得非凡成就的人士，无一不是能够严格要求自我、时时可以做到自律的人，他们在自身顽强意志力的支撑下，总能克服拖延、磨蹭的坏习惯，奋勇前行。对于人生画卷刚刚铺展开来的青少年来说，更是应该从一开始就克服拖延的惰性，从拖延逐步走向自律，在自律的道路上追梦前行。

是什么让你不想开始

说好了八点开始做作业，都已经八点半了，还是慢条斯理地做着一些无关紧要的事情，就是磨磨蹭蹭不愿尽快进入学习的状态。

星期天约好和同学一起晨起跑步，锻炼身体。然而到了约定的时间，却迟迟不想起床，心里面总是有一个小小的声音在说："再睡一会儿，就睡一小会儿，实在是太困了，起不来。"

学习计划制订了整整一大页，制订的时候信心满满，豪情满怀，想着按照计划走下去，在新的学期有一个好的突破。哪知新鲜感一过，没几天就会把制订的计划束之高阁，抛之脑后，任由它落灰蒙尘，再也没有坚持下去的动力了。

仔细观察生活，在很多青少年的身上，总是存在着或多或少、或大或小的拖延习性。一旦这种习性养成之后，在惰性思维的惯性驱使下，无论做任何事情，都要想方设法给自己找一个拖延的理由，能拖则拖，能懒则懒，口号喊得震天响，却始终看不到执行和落实的影子。

很多时候，对于自身存在的拖延习性，青少年也“深恶痛绝”。那么，究竟是什么阻挡了他们的脚步，让这些青少年不愿开始、不想开始呢？

 总以为来日方长，不急这一时

生活中，人们在选择做事的时候，往往会产生一种心理错觉：总是认为这件事情并不是太急，还有大把时间，可以先放一放，缓一缓，不会耽误什么的。实际上，正是这种心理错觉，让人们养成了拖延的坏习性，如泥沼深陷一般难以自拔。

对于青少年来说同样如此，这种心理上的错觉，会导致他们做事一再拖延，总能给自己找到一个不想立即开始的理由与说辞。

比如晚上回家，明知有家庭作业需要尽快完成，但在一些青少年看来，时间还早着呢，八九点开始也不迟。

到了八九点，他们又想着再玩一会儿，哪怕十分钟也可以。谁知一个十分钟，两个十分钟，一晃十点了，这时才感觉有些着急，慌慌忙忙拿起笔写作业。结果可想而知，不是作业完成得太潦草，就是没有全部完成。

即使如此，到了第二天，他们故态复萌，又像昨天一样，认为时间还来得及，一说写作业，依旧拖拖拉拉，如此反反复复，没完没了。

实际上，读书学习是一个需要长期持之以恒、坚持不懈的过程，今天不学习，明天又找借口不读书，总以为来日方长，但哪有那么多“来日方长”呢？来日方长，实质上是一个伪命题。正如《明日歌》所

写的那样："明日复明日，明日何其多。日日待明日，万事成蹉跎。"

拖延是一个从量变到质变的累积过程，青少年一旦养成了拖延的坏习惯，会对自己的学习、生活带来不良影响。所以，千万别拿来日方长、时间足够当借口，说行动就立即做出实际行动。

 面对难题，缺乏有效解决的勇气和智慧

一些青少年往往也能够意识到拖延的危害性，想要拿出行动力，立即投入行动中。然而有些时候，他们因为遇到了棘手的难题，缺乏信心和能力去很好地解决，由此也会产生拖延行为。

遇到这种情况，青少年不应在难题面前畏缩不前，而应当认真思考并反问自己：不去动手解决难题，难道它会自动消失吗？

答案自然是不会。害怕问题，畏惧问题，无助于问题的解决，要知道越拖延，问题反而会变得越难解，最终只能面对失败的结局。唯一的正确应对方式，就是勇敢面对，理清头绪，克服一切障碍去解决它。

有时，纵然失败了也没有什么好怕的，总结经验教训，相信自己下次一定能做得更好。这样才能在摆脱拖延的基础上，让自我快速成长起来。

不喜欢某项工作，或者是完美主义心态作祟

不喜欢某项工作，不愿去做某件事情，也常常是引发青少年产生拖延行为的一大主因。

这一点也很好理解。比如学习，很多青少年在学习的过程中，害怕吃苦，缺乏恒心和毅力。正因如此，一提到学习，心理上的畏难情绪就蔓延开来，还没开始就已经偃旗息鼓，最终拖拖拉拉，敷衍了事。

有时候，完美主义也是引发青少年拖延行为的一个诱因。热衷追求完美主义的青少年，总想将事情做得尽善尽美、完美无缺，希望面面俱到。一旦他们感觉不完美，心理上就会遭受巨大打击。因此为了所谓的完美，他们迟迟不敢投入行动中去，思考再思考，衡量再衡量，最终在拖延中错失良机，抱憾而归。

应当说，青少年追求完美的心态没有错，但不能被“完美主义”束缚住了手脚，否则你决定的事情，永远也开始不了，只能一直停留在计划和口号的层面。

青春随感

生活中，很多青少年会扪心自问：为什么我总是缺少自律精神呢？做事爱拖延，感觉被惰性包围，要么不愿开始，要么开始后依旧“三天打鱼两天晒网”，在拖延中任由大把的美好时光从指缝中溜走。

从根本上说，青少年拖延行为的心理成因，是因为自我约束力的缺失。自我约束力是个人自制力、自控力和自律力的体现，简单地说，就是一种自我教育、自我监督和自我完善。当树立追求目标后，拿出责任和担当精神，激发内在的活力和热情，自然就会有一往无前的奋斗动力。

保持好奇心，发现做事的乐趣

常常会听到青少年这样抱怨：“这个事情做起来真没意思，还非要每天坚持下去，真是太痛苦了！”

或者他们会说：“我非常讨厌做那些枯燥乏味的事情，对于无法很快获得乐趣或回报的事情，总是提不起任何的兴趣。”

显而易见，青少年发现不了做事的乐趣，是少了一颗纯真的好奇心。

好奇心，是青少年探索世界的动力源泉

世界著名物理学家爱因斯坦曾说过这样一句话：“我没有特别的才能，只有强烈的好奇心。永远保持好奇心的人是永远进步的人。”

爱因斯坦的这句话，道出了人们保持好奇心的重要性，当一个人对外界的事物时刻有着强烈的好奇心与探究欲望时，他才会有探索世

界的强大动力。

换言之，从人类社会的演化进程上看，人类自身乃至整个人类世界科技文明的发展进步，也都源自人类这颗“孜孜不倦的好奇心”。

“在宇宙中，除了我们居住的这颗蓝色星球之外，有没有和人类同样的文明存在呢？”

“月球，究竟是怎样的一个存在？为什么它的身上，有那么多难解的谜题？”

“浩瀚无垠的宇宙，是怎样产生的呢？宇宙之外，会不会还有无数的宇宙呢？”

古往今来，人们正是在好奇心的驱使下，才一代又一代前赴后继、持续不停地探索着宇宙的奥秘，人类文明的前进步伐，也因此插上了腾飞的翅膀。

对于青少年来说更是如此，好奇心是促进青少年努力学习各种科学文化知识，不断保持向上追求的动力源泉。有了好奇心的“加持”，他们追逐的梦想才一步步变得清晰可见起来。

有一个小男孩儿，非常爱观察蚂蚁，他常常花费大量时间仔细观察“蚂蚁社会”的生活状况。有时候，他能蹲下身子，认真地观察整整一天。虽然在别人看来没有意义，但他乐在其中。

如果换作其他家长，看到孩子沉迷于小小昆虫，大多会横加干涉，阻止孩子继续观察下去。

但小男孩儿的父亲非常宽容，他对孩子对蚂蚁种群所表现出来的强烈好奇心不仅没有阻拦，反而还鼓励孩子做好观察记录。有时候父子两人还就蚂蚁种群的生活特点等问题，展开有趣的对话与讨论。

从蚂蚁开始，小男孩儿探索的目光又扩大到了其他昆虫、小动物的身上，一有时间就去观察研究它们，有时还拿来书本做对照，探索书本上没有深入描述过的知识。

长大后的小男孩儿，凭着对昆虫、小动物的热爱，成了动物学领域一名权威的学者。他在回顾自己的学业历程时，无比感慨地说："小时候那颗充满天真趣味和探索欲望的好奇心，是我投入动物研究领域的重要推动力。"

你不能少了一颗好奇心

好奇心的存在和保持，让我们的生活充满了乐趣，很多看似枯燥无味的事情，也在好奇心的作用下而变得有趣了起来。

"朝气蓬勃""活力四射"是青少年身上最鲜明的个性标签，他们奋力拼搏，只为能够在徐徐展开的人生画卷上，描绘出最美丽、最青春的颜色。

然而在现实生活中，一些青少年的身上，常常缺乏这种锐意进取的拼搏气概，整个人看起来精神萎靡、暮气沉沉，一副老气横秋的模样，对待生活、工作都提不起任何的兴趣。

究其原因，就在于他们对待外界事物少了一颗好奇心，不愿深入思考，遇事浅尝辄止，做事浮光掠影。这样一来，他们又如何不感到枯燥乏味呢？

比如在学习上，一些青少年畏惧学习，在学习过程中遇到难题时，就焦虑痛苦，想要扔下笔放弃学习。

实际上，学习真的有那么难吗？如果换一个角度，激发自我的好奇心，越是遇到疑难的地方，就越要将它弄清楚明白，想尽办法攻克掉眼前面临的一切难题，一定能取得意想不到的收获。相信有好奇心的推动，青少年的内心会产生满满的求知与探索欲望，从愿学到好学，反而会将读书学习看作一件简单快乐的事情。

好奇心就是如此神奇，它能让青少年对生活、学习充满激情，有了澎湃的激情，青少年也才会在这样的一个基础上，更加主动地去观察和了解外面精彩的世界，在每一件事情中发现其蕴含的乐趣，让朝气和活力伴随每一天。

提高自己的专注力

专注力是什么呢？一般而言，专注力是指专心于某件事情或活动时的一种心理状态，也即一心一意、心无旁骛地将注意力投入其中。

专注力对于青少年的人生成长也至关重要。越专注，越有获得感、成就感和幸福感，专注地投入学习和工作中，将会收到事半功倍的良好效果，助力理想和目标追求的实现。

你为何缺少专注力

生活中，常会听到一些青少年这样抱怨说：“上课的时候总是爱走神，老师讲些什么，我都没注意，一堂课下来晕晕乎乎的，真是苦恼！”

也有的青少年说：“我发现自己不论做什么事情都不专心，注意力不集中、效率低不说，有时还会出现这样或那样的错误，有什么方法可以避免这种情况出现呢？”

从这些青少年的抱怨中不难看出，他们学习成绩上不去，做事效率低下，其中一个重要的原因，就在于专注力的缺失。

那么，是什么因素导致青少年身上缺少必要的专注力呢？梳理其中的原因，不外乎有这样几个方面。

一是青少年对某件事情缺乏兴趣，他们的专注力也会随之缺失。

以学习为例，在有些青少年眼中，学习是一件非常辛苦的事情，费心力，费脑筋，劳神伤思。正因如此，对学习提不起兴趣的他们，一翻开书本，或一进入教室，内心自然会生出排斥的心理。一旦排斥反应生成，投入学习的专注力就会减少很多，以至于昏昏欲睡、心猿意马，难以集中精力好好学习。

二是过多的外界诱惑分散了青少年大部分的专注力。

汉代儒学大师董仲舒，年轻的时候为了专心研究儒家学说，一个人住在阁楼里，立志三年不出屋门，将所有精力都投入读书学习，留下了“三年不窥园”的历史典故。拥有超凡专注力的董仲舒，最终学有所成，将儒家学说进一步发扬光大，取得了令人瞩目的成就。

由董仲舒的人生故事可以看出，专注力是一个人发展进步的重要助推力量。然而在当代社会，随着网络游戏、短视频等娱乐元素的兴起，对于热衷追逐新鲜事物的青少年来说，这分散了他们很大一部分的精力和注意力，最后导致青少年在学习或工作时，往往不能够做到专心致志。

三是自身的意志力不够，情绪状态不佳，也会影响青少年专注力的养成。

意志力薄弱，遇到困难就缩手缩脚，甚至采取逃避的方式视而不见，专注力自然也就无从谈起。

个人的情绪状态也对专注力有着较大的影响。比如一些青少年喜欢熬夜，第二天醒来，大脑昏昏沉沉，一整天都提不起精神。精神萎靡，情绪自然就会低落，在这样的情绪状态下，青少年又怎么会有好的专注力呢？

掌握技巧，持续不断提升你的专注力

青少年的专注力不够，这里面有心理层面的原因，也有外界干扰的因素，明白了影响自身专注力的成因之后，从几个小技巧入手，可以有效提升自我专注力。

★ 养成良好的作息规律和睡眠习惯，减少外部的干扰因素

好的作息规律，不仅有助于青少年身体的正常发育，也能让青少年始终保持充沛的精力，每一天都能呈现出活力满满的状态。

精神充足了，无论是学习还是做其他事情，都能以饱满的热情投入进去。所以，从作息规律上入手，长期坚持，保持好习惯，专注力自然就可以得到持续的提升。

对待外部的干扰，诸如手机、电视、互联网等视听媒介，在学习和工作时，青少年应减少接触这些视听媒介的次数，避免受到干扰。

★ 学会控制自己的情绪，远离负面情绪的干扰

好的情绪状态，不仅来自日常良好的睡眠，也和平时的自我控制有关。有时当一些负面情绪干扰到自己时，要学会宣泄和疏导，不被负面情绪所左右。调整好心情后，做任何事情才能专注其内。

比如在学业方面，进入中学以后，学习压力陡然加大，较为繁重的学习任务，加上父母、老师殷切的期望，会让青少年的心理负担加重，并引发焦虑、失眠、紧张、烦躁等负面情绪。

面对这种局面，青少年正确的应对办法，是学会自我减压，放平心态，树立自信心，远离患得患失的心境。告诉自己一分耕耘，一分收获，平时付出了辛苦与努力，一定能收获一个好的结果。

★ 学会放松，做到张弛有度

生活中，一些青少年常会错误地认为，想要有好的专注力，那么在学习或工作时，就必然要求自己全程专心致志，心无杂念。

实际上，人类的大脑不是一台不知疲倦的机器，不可能无须休息、时时刻刻运转下去。很多时候，当青少年在做某件事情感到疲倦时，不要强求自己再继续下去，应当停下来休息一下，放松片刻。只有身心得到了充分的休息，才会有更为充沛的精力重新投入进去，这也是“张弛有度”哲学理念的现实体现。

休息放松的方式有很多种，可以听一些舒缓的音乐，也可以做一些轻度的体育锻炼，还可以和身边的同学、朋友聊聊天，彼此分享一

些有趣的事情等，这些都是不错的方式。

越专注，越有获得感；越专注，越出类拔萃。青少年从提升自我专注力做起，努力于当下，进入一种忘我的境界之中，一定可以有效提升学习与工作效率。

学习管理时间

在青少年的人生成长过程中，时间管理能力也是一项非常重要的能力，善于运用时间、懂得合理分配时间的人，做事有着极高的效率，也更容易获得学习、事业上的成功；不会高效利用时间的人，只会在浑浑噩噩中蹉跎岁月，浪费掉大好的青春时光。所以，在追梦的道路上，青少年也应该学习管理时间。

你会管理自己的时间吗

在这个世界上，对于每一个人来说，最为公平的就是时间了。一天 24 个小时，谁也不比谁多一分，谁也不比谁少一秒。在时间面前，人人平等。

然而，仔细观察生活不难发现，虽然时间是公平的，但每个人从中取得的收获是不同的。有些人能够高效充分地利用时间，取得令人瞩目的成就；有些人白白坐看时间从指缝中悄然流逝，一事无成。其中的原因是什么呢？原因就在于你会不会科学合理地管理自己的时间。

小贝是刚刚参加工作的年轻人，被分配到单位的办公室从事行政管理。

在小贝的印象中，办公室工作简单轻松，没有什么太大的压力，做好这份工作并不难。谁知道工作了一段时间之后，小贝发现自己想错了。

每天一大早，从她进入办公室开始，各种事务层出不穷，常常让小贝忙得头脑发昏。即使这样，到了下班的时候，她的手头还会有一些待办的事项没有完成，为了不耽误明天的工作，很多时候小贝不得不留在单位加班。

这样忙忙碌碌一个月过去了，每天做不完的事务，让小贝开始怀疑起自己的工作能力，难道是自身的业务水平太低了吗？

为此小贝虚心地向办公室主任请教。办公室主任见状，笑着说："你这一个月的实习期，我也在一边悄悄观察你。你做事非常勤快，就是犯了'眉毛胡子一把抓'的错误。"

"眉毛胡子一把抓？"小贝有些不解地问。

"对！具体来说，就是做事想要面面俱到，什么都想做好，最后反而什么都做不好。你知道这里面的原因吗？关键的问题，就是你不懂得时间管理法，做工作，要学会管理时间，这样才能举重若轻。"

为了让小贝能够明白他话语中的意思，主任进一步解释说："一天之中，会遇到很多要做的工作，这里面有一个轻重缓急的区别。重要并且紧急的事情，应当第一时间去做；重要但是还不是太紧急的事情，可以把它放在特定的时间段内，集中精力认真处理好就行；那些不重要也不紧急的事情，可以放在最后。这样根据事情的轻重缓急，相应地给它们合理地分配处理的时间，你的工作效率就会有显著的提升。如果先去处理不重要的事务，等到处理重要事务时，时间往往不够了，后面其他人又催得急，你很快就手忙脚乱起来，陷入越忙越乱的怪圈中走不出来了。”

小贝专心地听着，很快明白了往常自己工作上的错误，不会时间管理，让她走了不少弯路。自此之后，按照主任传授的工作经验，小贝依照轻重缓急，调整了一下处理事务的顺序，工作效率果然有了显著的提升。

学会时间管理，让学习和工作都变得轻松起来

小贝的案例告诉我们，生活中要充分认识到时间管理的重要性。学习并掌握时间管理的方法，将每天需要面对的事情分出轻重缓急，有条不紊地逐一处理，对于广大青少年来说，这是高效学习和工作的“制胜法宝”。在具体操作上，下面有几个小窍门需要青少年认识和了解。

一是会利用碎片时间。现代社会，快节奏的生活模式让青少年总有一种时间不够用的感觉。然而很多不被人注意的碎片时间却悄然间白白流逝，如排队等待时间、坐车时间等。

一天之中，这些碎片时间单个看起来似乎没有多少，但累积起来，就非常可观了。

时间用在哪里，就会在哪里得到收获。青少年如果能够充分利用

好这些碎片时间，合理安排工作学习，积少成多，将会有令人意想不到的收获。

北宋文学家欧阳修就是一位善于利用碎片时间的高手，谈到自己的文学成就时，欧阳修谦虚地表示："余平生所作文章，多在三上，乃马上、枕上、厕上也。"

欧阳修话语里的意思很简单，他和大家的时间一样，之所以能创作出这么多优秀的文学作品来，就在于会利用一切可以利用的时间，在碎片化的时间里，创造出更大的文学价值。

二是抓住高效的时间段。每个人一天之中，大脑都有一个或几个相对清醒、学习和工作起来非常有效率的时间段。如清晨头脑清醒，适合背诵记忆；晚上大脑注意力集中，适合思考钻研。如果青少年能够抓住并充分利用这些高效的时间段，会让时间发挥出最大的效用。

当然，具体到每一个个体身上，每个人高效的时间段会有所不同，青少年应根据自身的具体情况进行区分利用，以实现时间价值的最大化。

三是做好事项处理清单，经常反思总结。比如，在每天早上醒来后，将一天之中需要处理的事情简单地罗列一下，将重要且紧急的事情放在前面处理，其余的事项可以放在后面，每处理完一项，就划去一项，这也是科学管理和充分利用时间的一个好办法。

要重视对时间管理和利用方面的总结反思，每过一段时间，可以对时间的使用情况进行一下总结，看一看自己将时间都用在了什么地方，有没有安排不当的情况，这样做更有助于青少年改进时间管理方法。

青春随感

“一年之计在于春，一日之计在于晨。”青春是如此的宝贵，如果蹉跎了青春，也许一辈子就这样浑浑噩噩地虚度下去，终将一事无成。所以，关键的问题，就在于青少年能否抓住美好的青春时光，在学习时间管理的基础上，进行合理安排，利用一切可以利用的时间，去掌握更多的科学文化知识和实践技能，让人生增效，让梦想也因你的努力而变得触手可及。

给自己定一个小目标

荀子在《劝学篇》中曾这样写道："不积跬步，无以至千里；不积小流，无以成江海。"从人生成长角度，荀子告诉人们，千万不要忽视日常生活中一点一滴的积累，看似平淡无奇的点滴积累，反而能在时间的作用下，潜移默化地发生着变化，天长日久之后，会有一个从量变到质变的巨大飞跃，实现从小溪到江海的华丽蜕变。

青少年的人生发展也是如此，从现在起，就给自己订立一个个小目标，通过每一个小目标的实现，最终一步步绘制出自我人生的壮丽画卷。

从身边点滴的小目标做起

在日常生活中，青少年在谈论自身的理想和宏伟的人生目标时，经常会用"我们的征途是星辰大海"这句话来表达自我内心炙热的梦想。

然而青少年需要明白的是，无论他们的人生目标有多么高远，想要实现它，必须脚踏实地，从当下的小目标做起，一点一点获得进步，一步一个台阶，在扎扎实实的努力下，迈向成功的彼岸。

仔细观察生活，为自己订立小目标，实际上是“功在不舍”道理的体现。比如举重运动员，纵然自身体质特别出众，但想要一上来就举起几百斤的重量，一参赛就能够夺取世界冠军的称号，显然是非常不现实的。

那些真正优秀的举重运动员在训练中，会为自己设立一个个小目标，每完成一个小目标，再重新设立，如此积累下去，最终为取得好名次打下扎实的功底。

青少年在人生成长过程中，同样要遵循这样的一个过程，功在不舍，从订立小目标开始，从一个个小目标的实现做起，一步一个脚印，实现学习、工作上的大收获。

肖博是一名高中生，从进入高一开始，他就暗暗给自己定下了考入年级前十名的目标。当然，肖博也知道，按照自己现在的学习成绩，一次考试就进入前十名，显然有点不现实。为此肖博在进行综合自我评价和衡量后，给自己订立了这样的几个小目标：期中考试进入年级前五十名，期末考试进入前三十名，争取在高二学年实现进入前十名的大目标，高三学年保持这样的一个稳定成绩。

有了清晰可见的小目标之后，肖博将日常学习课程安排得满满当当，合理分配学习时间，查漏补缺，经过半个学期的努力，他终于实现了考进年级前五十名的小目标。这样沉甸甸的成绩单，让肖博的内心受到了极大的鼓舞。

按照目标计划，他在期末考试中又顺利实现了进入年级前三十名的预想。就这样，经过一年持续不懈的努力，从小目标的实现做起，肖博如愿以偿地取得了大目标的成功。

 订立小目标，需要注意哪些事项呢

一个个看似微不足道的小目标，实际上才真正是宏伟大目标实现的必要前提。但在小目标的订立上，也隐藏着很深的学问，有这样一些注意事项需要青少年注意和了解。

一是小目标的订立一定要具体，决不能犯模棱两可的错误。比如，想要在学习上能够取得进步，进步的具体量化一定要清晰可见。目标清晰了，努力的方向才会更加明确。

二是小目标的制定能够被衡量。比如练习跳远，一个月内要求自己跳多远；学期结束时，又要达到一个什么样的目标等。

如果目标的制定不能被衡量，那么这样的目标也就没有什么真正的实际意义了，甚至很多时候还会养成青少年为自身拖延行为寻找借口的坏习惯，认为反正没有时间上的约束，先放着再说。

三是短期目标的制定一定要和长期目标的实现完美地结合在一起。如有些青少年，想要长大之后成为一名科学家，那从现在开始，就应努力学习，一步一个脚印，为实现攀登科学高峰打下良好的基础。

从两者之间的关系来看，短期目标和长期目标是一个互为表里的

辩证关系。长期目标的实现，离不开一个个小目标的成功完成；反过来，正因为有了长期目标的存在，青少年在完成一个个小目标时，才会充满拼搏奋进的力量，在任何艰难险阻面前，都能够咬牙坚持下去，不至于半途而废。

第五章

做情绪的主人

生活中的每一个人，包括青少年在内，都存在着或多或少、或大或小的情绪。换言之，在这个世界上，对于任何一个心智正常的人来说，都存在情绪波动变化的情况。

如何对待自我情绪，是一个人修养和胸襟的体现。拥有大智慧的人，从不会让情绪牵着鼻子走，他们能够适时调整自我的状态，成为情绪的主人，无论遇到任何复杂的局面，都能够适度地调控自己的情绪，也能够有分寸地宣泄内心不良的负面情绪。生活中的他们，做事优雅有度，从容不迫，和他们接触，令人如沐春风。

为什么你会喜怒无常

青少年朝气蓬勃，他们在说话做事上，往往都有着一股锐气。一方面，这股锐气是“初生牛犊不怕虎”的体现，敢做敢当，敢于发表不同的意见、看法。另一方面，很多时候锐气太盛，反而会让青少年出现喜怒无常的不良情绪，为人处世不懂得忍让，一点微不足道的小事，恐怕就会引发他们内心的怒火，极易冲动。那么，为什么青少年容易喜怒无常呢？

压力和家庭教育，对青少年的情绪波动有着较大的影响

生活中，人们在形容一个人有风度、有教养，举止温文尔雅时，常会用“谦谦君子，温润如玉”之类的词语来形容。显然，举止优雅、处事得体、行为谦让，是大家眼中的“君子”。

但一些青少年在待人接物时，却常常缺乏这种“君子之风”，上

一秒也许还笑容满面，下一秒或许就翻脸了。这些过分情绪化的表现，动不动就喜怒无常的情况，在青少年的身上屡见不鲜，这是由哪些原因引起的呢？

从心理层面上看，青少年喜怒无常的负面情绪变化和他们所承受的压力有关。

在青春期这个特定的年龄段，青少年或者承受着学习上的压力，或者刚刚涉足社会，工作上不是太顺利，种种压力下，他们就会变得喜怒无常、暴躁易怒。

晓星上了高三后，性情发生了很大的变化。以前晓星是一个乖巧听话的少年，然而一到高三，晓星动不动就和父母顶嘴，一生气就摔门而去。

一开始，晓星的父母还不以为意，以为孩子这几天可能心情不好。哪知到了后来，晓星的脾气越来越暴躁，一言不合就和父母发生激烈的争吵。在一次争吵后，晓星的父母耐下性子，和他来了一次长谈。

父母态度的转变，也让晓星冷静下来。他告诉父母，进入高三后，也许是给自己订立的目标太高，他的压力较大，因此脾气才暴躁起来。

晓星的父母在听了儿子的解释后，好言宽慰他说，无论如何，他在父母眼中都是最棒的一个，不要有什么心理负担，只要努力了，拼搏了，就无怨无悔。

这次有效的亲子沟通后，晓星的心态变得积极阳光了许多，和父母的关系也逐渐融洽了起来。

青少年的心理还未完全发育成熟，在压力面前，一旦没有得到合理调节和疏导，就很容易导致情绪波动，甚至出现激烈的对抗情绪。

从家庭教育上看，家庭环境和教育方式，对一个人的性情的塑造与培养也至关重要。在良好的家风家教熏陶下的孩子，综合素养更为优秀，做事温和有礼，懂得去适度控制情绪的起伏波动。

然而在一些家庭里面，父母要么溺爱孩子，无条件满足孩子的一切需求；要么对孩子不管不问，偶尔的交流沟通也常常以粗暴生硬的方式进行。

处于这两种极端家教下的孩子，前者往往会变得以自我为中心、自私自利，得不到满足就大吵大闹；后者则容易产生自暴自弃的心理，行为方式较为狂躁，冲动易怒。

你不是不想温文尔雅，有时候是不受控制

青少年情绪剧烈变化的原因，有时还和他们的大脑发育有关。换句话说，大脑发育上的不均衡，也是青少年喜怒无常的一大主因。

医学研究发现，在人的青春期，负责理智、逻辑思维的大脑前额叶发育较为缓慢；而负责处理、调节情绪、感受的大脑杏仁核发育则相对较快一些。

这样一来，不均衡的大脑发育，在青少年的身上，就形成了理智和冲动的错位现象，容易让青少年出现较大的情绪波动。比如生活中一些小小的困难、矛盾冲突等，就会引发他们急躁、发怒等不良情绪。

而此时理智的缺失，使得他们在面对自身剧烈的情绪波动时，明知自己这样做是不对的，但在行为表现上，却难以给予有效的合理控

制，任由个体情绪以“疾风暴雨”的方式呈现，给自己、给他人都带来一定的伤害。

青春随感

面对喜怒无常的情绪波动，青少年又该如何应对呢？首先是多读书，多学习。常言说“腹有诗书气自华”，通过持续不断的学习可以提高自身的综合素养。其次是当情绪快要到爆发的临界点时，要多给自己一些暗示，告诉自己冷静再冷静，努力去平复情绪的剧烈波动，争取理智多一点，喜怒无常的举动少一些。

告别愤怒，冲动是魔鬼

愤怒是一种非常不良的情绪表现。很多时候，处在愤怒情绪中的人们，往往会失去理智，贪图一时的口舌拳脚之快，做出种种冲动和出格的事情来。等到事情过去之后，反思自我，面对恶果又会心生懊悔，悔不当初。

从这个意义上说，不受控制的冲动如魔鬼一般，容易迷惑人们正常的心智。正确的应对方法，就是莫让坏情绪将我们左右，也不要让自己成为情绪的奴隶，学会控制情绪和合理表达，才是青少年走向成熟和稳重的重要标志。

不要让愤怒控制了我们

青春期，是人类生命周期内极易愤怒和冲动的一个时间段。这时的青少年，因为心智上的不成熟，或者缺乏对道德、法律应有的敬畏之心，一旦遇到不公的局面，或者是被人出言挑衅，便会难以控制暴怒的情绪，往往会做出许多不理智的举动。

吉克非常喜爱篮球运动，一有时间就去篮球场上活动一番，既锻炼了身体，又愉悦了身心，因此打篮球占据了吉克的大部分空闲时间。

有一次，吉克和几个朋友在篮球场上打球，他投球时不小心脚下一滑，篮球脱手飞了出去，砸中了一个陌生男孩的肩膀。

吉克见状，连忙跑过去给对方道歉。谁知对方不依不饶，冲吉克大骂了起来。

吉克原以为是小事一桩，没想到他连连道歉，依旧遭到了对方的羞辱，这让吉克按捺不住心头的怒火，感觉在朋友面前失了面子，于是也不再隐忍，和对方吵闹了起来，影响很不好。

事后吉克和对方都受到了老师的批评教育，冷静下来的吉克，也意识到当初实在是太冲动了，不能控制自己的愤怒，是最不理智的表现。

青少年的愤怒和冲动，往往会给自己带来不可预知的严重后果。实际上，正如案例中的吉克一样，仔细回想，这些冲动值得吗？在冲动行事之前，有没有考虑过后果和代价呢？

一时头脑发热，不计后果，往往会引发更大的矛盾冲突，造成种种难以挽回的不良结局，事后再去自责懊悔，又有什么用呢？所以，在冲动面前，一定要学会理智冷静，不要被愤怒冲昏了头脑。

 克制冲动真的很难吗

冲动具有强大的破坏力，一旦被冲动控制了头脑，清醒自知的理智也将消失不见，被愤怒支配着可能会做出许多让人后悔不迭的事情。那么，是不是就没有办法克制冲动了呢？当然不是。具体来说，提高自觉意识，树立阳光心态，都是克制冲动、杜绝意气用事的好方法。

★ 树立自觉意识，让内心“警钟常在”

冲动和愤怒，是常见的情绪表现。尤其是青少年，年轻气盛，意气风发，正处于容易冲动、鲁莽而为的一个年龄段。所以，青少年更要树立克制冲动的自觉意识，当愤怒涌上心头时，要多去想一想失去理智的不良后果。

很多时候，当内心深处有了这样一个理智的声音提醒自己时，原本熊熊蒸腾的怒火，会逐渐减弱，逐步恢复到冷静的状态之中。

清代名臣林则徐，年轻的时候做事容易冲动，脾气火爆，为了能控制自己的这种负面情绪，他每到一处做官时，总会在书房中悬挂一幅写着“制怒”二字的匾额，以时时提醒自己遇事时冷静再冷静。

林则徐的做法，青少年也可以效仿。当被别人冒犯时，针锋相对互不相让，只能激化矛盾，扩大事态；这时不妨学会理智对待，一笑置之，大事化小，小事化了，这才是真正有风度和涵养的体现。

★ 保持阳光稳定的心态，与人相处，宽容第一

容易冲动、愤怒的青少年，有时可扪心自问：这些负面情绪的高频出现，是不是和自身的心态有着莫大的关系呢?

生活中那些心态失衡、唯我独尊、缺乏博大胸怀的人，往往更容易冲动愤怒，一个微不足道的小摩擦，都能让他们暴跳如雷，做出过激行为。

“忍一时风平浪静，退一步海阔天空。”克制冲动，保持积极健康、快乐阳光的稳定心态最重要。在日常的学习和工作中，青少年应当去追求那些昂扬向上的价值观念，让正义、善良、光明、美好常驻心间，注重个人高尚情操的培养。

有了稳定的心态，个人的生活态度也会因此积极乐观起来，也就能从容地掌控自身的情绪变化，不再怨天尤人、满腹牢骚，与人相处时自然也就能做到宽容以对、谦逊礼让了。

克服恐惧，让内心变得强大

在人的一生中，无论是谁，都要面对无数的困难和挑战，都要迎接很多的未知。但有的人，在这些困难、挑战和未知面前，勇往直前，锐意进取；有些人却缩手缩脚，裹足不前。其中的原因，就在于对待恐惧的态度不同。对于青少年来说，同样也是如此。

恐惧如同无形的枷锁，阻挡住了我们努力生活的勇气

英国哲学家乔·赫伯特说过这样的一句话：“恐惧对人的伤害比疾病更严重。”

很多青少年，在恐惧面前畏之如虎，不敢去正视它，更缺乏战胜恐惧的勇气。在这种心态下，他们的人生发展如同被无形的枷锁困住了一般，难以挣脱。

雨晨是一名品学兼优的中学生，学习成绩出类拔萃。但她非常害

怕社交，如果让她在公众场合抛头露面，她就会手足无措，内心恐惧到了极点。

雨晨的这种恐惧心态，让她错失了许多宝贵的机会。班干部竞选，她害怕当众演说，不敢走上讲台展现自我；学校内外的各种集体活动，她也是能推就推，能躲则躲，没有信心和勇气参与其中。

雨晨的这种表现，她的班主任看在眼里，急在心头。如果一味地埋头苦学，缺少必要的社交技能，将来又如何能够很好地在社会上立足呢?

为了帮助雨晨克服她的这种恐惧心理，在一次校园演讲比赛前，班主任帮她报了名。当雨晨得知后，吓得连连摆手，恳求班主任将她从参赛名单中剔除。

这一次，班主任态度和蔼且坚定，他鼓励雨晨，只管放心大胆地上台演讲，用勇气去战胜恐惧。为了帮雨晨树立自信的心态，早在正式比赛前，班主任先让她在同学面前小范围地演讲，等到雨晨适应后，再在全班同学面前发表演说。

在班主任和同学们的热心帮助下，雨晨从最初演讲时的语无伦次，到渐渐地口齿流利、逻辑流畅，胆量和信心也越来越足。最终在全校比赛中，彻底克服了恐惧心理的雨晨发挥良好，取得了一个好名次。

事后班主任询问雨晨从恐惧到心态自然稳定这一心路历程转变的感受，雨晨如获得了新生一般，无限感慨地说："恐惧就像是一扇黑暗的窗，勇敢地推开它，就可以看到窗外阳光明媚的清爽世界。"

雨晨的话语，可以说是言为心声。作为青少年，在恐惧面前，一定要拿出意气风发的姿态，只有克服内心的恐惧，才能在人生旅程中无畏前行，迎接前方美好的风景。

 战胜恐惧，内心强大才是真的强大

对于恐惧心理，法国思想家蒙田有这样一句至理名言：“谁恐惧，谁就要受折磨。”

蒙田的话语简单深刻。在恐惧面前畏缩不前，并不能使恐惧自动消散，也不能逃脱恐惧的心理折磨；相反，越是恐惧，越会深受其害，与各种机会失之交臂。

具体到青少年身上也是如此，在人生最为美好的青葱岁月中，又岂能被小小的恐惧给打倒呢？强大内心，强大自我，树立一往无前的信心和勇气，先从战胜内心对外界的各种恐惧开始。

★ 越是恐惧什么，就越要勇敢面对，不断强化这方面的训练

恐惧本身其实并没有那么可怕，可怕的是，你的身上缺乏直视恐惧、战胜恐惧的勇气。

分析梳理青少年身上存在的恐惧心理，无非是在困难面前停滞不前，不想吃苦也不愿吃苦；或者是恐惧社交活动，性格内向，担心在公共社交场合出糗；也有一些是对外界陌生的事物感到畏惧，没有胆量坦然面对等。

知道了恐惧心理产生的根源，青少年不妨从这些根源上入手，逐一训练，强大自我，努力克服。比如上面案例中的雨晨，有社交恐惧症，那就针对这一点，在这方面多做强化训练，一步步战胜潜意识的恐惧心理，从而“羽化成蝶”，实现人生的华丽蜕变。

★ 努力再努力，尽可能地多掌握各种技能，增强自信心

很多青少年对外界事物之所以产生恐惧心理，其中很重要的一个原因就是他们的能力不强，技能不足，缺乏足够的信心。

比如个人能力不足，每次做事时，总是不能完美地将事情做好，或是屡屡遭受挫折，在困难面前手足无措，这样就极易导致青少年恐惧心理的产生。他们会对个人的能力产生严重的怀疑，进而会全面否定自我，做任何事情都缩手缩脚，缺乏积极主动的进取精神。

明白了这一点，平时在技能掌握和能力提升上，青少年要多努力，多下苦功夫，当个人拥有出众的才能、技艺时，在强大自信心的基础上，曾经所畏惧的事物也就烟消云散了。

赶走抑郁，驱散心中的阴霾

抑郁，是一种较为严重也较为常见的负面情绪体现。当抑郁的负面情绪在心中蔓延时，人们会因此颓废迷茫，觉得看不到未来和希望。当然，短暂的抑郁不可怕，可怕的是长期且连续的抑郁，这会对一个人积极的人生态度带来较大的不良影响，所以当青少年察觉自身有了抑郁症状时，请及时调节疏导，让抑郁从身边走开。

你是否察觉自己抑郁了呢

如果要对当下的青少年展开一个问卷调查，询问他们是否了解抑郁，能否及时察觉自身的抑郁症状，相信很多青少年会一脸不解地反问：抑郁是什么？在活力四射的大好青春，我又怎么会有抑郁这一负面情绪呢？

实际上，青少年身上有没有抑郁的现象，可以从这样几个方面简单判定。

一是心情一直处于低潮期，在相当长的时期内持续感到失落消沉。在这种不良情绪的影响下，一些青少年会认为生活没有什么太大的意义，人生的努力奋斗也没有多大的价值。

在外在的行为表现上，他们往往不愿主动和人交往，常常将自我封闭起来，哪怕是身边最为亲近的父母长辈，也故意去躲着他们。因为心情的低落，他们无论是对待学习还是工作，也都提不起任何的精神，整日懒懒散散，不思进取。

如果出现这样一些状况，就说明自身可能已经有了抑郁的症状，要积极寻求帮助，及时调节疏解不良情绪。

二是出现较为严重的自卑或自暴自弃等心理症结。对人生和未来发展，从最初的痛苦、焦虑不安，逐步发展到悲观、绝望的地步，所有这些，都是抑郁症状严重的表现。如果青少年身上的抑郁症状发展到这一步，就必须引起足够的重视，采取措施及早摆脱抑郁带给青少年心灵上的“阴霾”。

与自己和解，把自己活成太阳

生活中，一些心理学家常说：一个人拥有什么样的情绪感知，他就会拥有什么样的生活。

这些话语里的意思也不难理解，无论是正面情绪还是负面情绪，都在潜移默化中影响着人们的心态，在一个好心态的支配下，我们才会有积极乐观的人生态度，远离抑郁等负面情绪的侵扰。

在这个多元化、快节奏的时代，青少年的身上，也许会出现或多或少的抑郁症状，对此不要惊慌失措，拿出正确的应对方法，及时做出调整和改变。在认清自己、肯定自己的基础上，和自己和解，以积极开朗的心态，活出应有的光芒和温度。

心理咨询室里，一个少年在母亲的陪同下，前来接受心理咨询师的辅导。

少年在心理咨询师的引导下，说出了自己的困扰。这一段时间以来，他心理压力很大，夜里失眠，白天没精神，对学习提不起任何的兴趣，觉得努力奋斗没有意义，心灰意冷。

心理咨询师静静地聆听着他的诉说，到了最后，咨询师突然反问他："你为什么不选择和自己和解呢？"

咨询师的话语，让少年愣住了，他不明白对方话语里的意思是什么。

咨询师继续微笑着说道："我给你讲一下我的人生故事吧！年轻时候的我，也曾有一段时间像你一样，对未来失去了希望，讨厌学习，不愿和身边的人交往。可是有一天，我的老师找到我，和我谈心，他没有讲太多的大道理，只是对我说，如果感觉痛苦，就应该想办法解决，而不是一味地沉溺在情绪中不可自拔。实际上，你越抑郁，就越焦虑痛苦，越焦虑痛苦，就越抑郁，不知不觉中就陷入了一个不良情绪的恶性循环中，这是自己在折磨自己，庸人自扰。"

少年似有所悟，咨询师继续说道："老师的话语，让我突然明白了，既然抑郁无用，我又何必整日怨天尤人，在抑郁、焦虑中和自己较劲儿呢？为什么不改变自我，以积极的心态去笑对生活，让每一天都快快乐乐呢？所以从根本上说，你现在的状况，是你的心态出现了问题，你的心态影响了你的生活态度。”

咨询师的一席话，让少年的内心豁然开朗。选择和自己和解，一切的痛苦、不安、焦虑等抑郁情绪，都将变得无足轻重。

青春随感

远离抑郁这一负面情绪，良好的心态至关重要。在困难和压力面前，青少年不要因为一点小小的挫折就垂头丧气，要知道在漫长的人生路上，这点挫折、压力根本不算什么。要鼓起信心向前看，多给自己一些积极的心理暗示。心态阳光积极了，心灵世界自然就是一片万里晴空，抑郁的阴霾也就一扫而空了。

摆脱焦虑，享受美好生活

和抑郁一样，焦虑也是一种不良的情绪反应。当人们在面对不确定的未来时，患得患失的心态极易引起人们内心的焦虑，精神紧张，压力重重，烦躁不安，所有这些，都是焦虑心态下的心理应激表现。在日常生活中，青少年要做好自我的情绪管理，不要被焦虑这一负面情绪所羁绊，要努力摆脱它，去拥抱美好的生活。

你为什么会焦虑

引起青少年焦虑情绪的因素有很多。有些青少年因为不融洽的人际关系而焦虑，他们渴望融入同学、朋友中去，一旦受到冷落和排挤，他们的心中焦虑的负面情绪就油然而生了。

也有一些青少年，在学业上出现了一点小小的问题，比如近期学习压力较大，在即将到来的升学考试面前，压力倍增，由此产生焦虑不安的心态。也有时候，是因为他们在学业上付出了辛勤的汗水，学习成绩却不进反退，找不到正确学习方法的他们，也会坐卧不宁，心生焦虑。

还有一些青少年，对于人生未来的发展没有一个清晰可见的目标方向。每日里迷茫无助，浑浑噩噩，想要努力，却又不知该从什么地方做起，有一种有心无力的挫折感。

这样一来，这些青少年好似深陷泥沼一般，在漫无目的的挣扎中，心态失衡，也极易加剧焦虑负面情绪的产生。

实际上，进一步分析，透过焦虑的表象，去揭开焦虑背后真正的“面纱”，会发现青少年焦虑心态的形成原因，归根结底集中在三个层面。

一是缺乏安全感。人是社会性生物，需要融入集体之中，有被呵护、被关爱的情感需求。如果在家庭内部感受不到父母的爱和关怀，在学校、社会中又缺少朋友，就会缺乏安全感，这是导致青少年产生焦虑心态的一大诱因。

二是对未来的不确定性。很多青少年在进入青春期之后，自我意识增强，自然会主动去思考人生的意义。如学习的目的是什么？我能学有所成，将来成为一个对社会有贡献的人吗？进入社会之后，我又该如何发展呢？凡此种种，未来的不确定性会让他们感到迷茫，也会引发他们内心深处严重的焦虑感。

三是恐惧感。有些青少年抗压能力差，遭遇一点小小的挫折打击，就会变得意志消沉，在困难面前裹足不前，缺乏挑战自我、超越自我的无畏勇气。害怕失败的恐惧感，也常常会让青少年心生焦虑，他们眼前的世界都是灰暗。

青少年如何摆脱焦虑，重塑美好生活呢

青少年焦虑情绪的产生，主要还是因为他们在心理层面上出现了问题，也就是因为缺乏安全感以及对未来的不确定性，导致他们疑虑重重，焦躁难宁。找到了“病根”，对症下药其实并不难。

★ 调整心态，对未来充满信心

青春、阳光、活泼、开朗，这些都是青少年身上最为鲜明的标签。作为青少年，要让自己保持活力四射、意气风发的良好状态，不恃才傲物，也不故意封闭自我，构建和谐的人际关系，注重亲情、友情的维护，让生活充满欢声笑语，这样有助于养成乐观自信、积极向上的奋进心态。

心态阳光积极了，内心强大了，面对挫折和困难，就不再有消极、偏激的负面情绪，有信心、有能力去把握自我的人生发展，相信风雨过后必定是彩虹当空的壮丽景象。如此一来，患得患失的焦虑心态也就会消失无踪了。

★ 把握好当下，让每一天都过得充实有意义

期末考试快要来临了，这一次能不能考出一个好的成绩呢？进入了一个新单位，如果不适应该怎么办呢？

对未来太多的担忧，自然很容易让青少年焦虑不安。实际上仔细想一想，这种担忧是不是多余呢？如果把握好了当下，又何惧明天会怎样呢？

把握当下，就是应当从现在做起，无论是学习还是工作，只管低下头努力就好，让每一天都在充实忙碌中有意义地度过，那么请相信，我们的未来一定不会差到哪里去。

★ 不断地提升自我，用知识技能去“武装”自身

人的自信，源于自身强大的实力。对于青少年来说，如果自感腹内空空，没有一技之长，对未来丧失信心，自然会引发焦虑情绪。

因此，在任何时候，青少年都应要求自我持续不断地学习充电，掌握过硬的知识技能，将人生发展的命运牢牢地把握在自己手中，就能摆脱不安和焦虑，充满信心地去迎接属于自己的美好明天。

释放你的坏情绪

你能察觉到自己的坏情绪吗？你知道这些坏情绪对个人身心的危害吗？在坏情绪面前，你能用正确的方式，将坏情绪全部释放掉，重新找回真实快乐的自我吗？

坏情绪的潜在危害

生活中，每一个人都是情绪化的生物，喜怒哀乐等情绪时时刻刻在悄然影响着我们的生活状态。几乎没有人能够不受情绪的影响，只是程度深浅不同而已。

具体到情绪本身，情绪有着正面和负面之分。自信阳光、积极进取等，都可以归纳到正面情绪的范畴；焦虑、抑郁、压抑、恐惧等，都属于负面情绪。

当青少年的身心被正面情绪围绕时，就能很好地展现出自身朝气蓬勃的一面，努力奋进，在拼搏中追逐人生远大的理想和目标，一路行稳致远，成就自我。

那么坏的情绪，对人的身心都有哪些不良的影响呢？

以抑郁和压抑为例。抑郁、压抑是青少年身上较为严重的坏情绪，受这两种负面情绪影响的青少年，会对人生感到失望，甚至产生绝望的心理，万念俱灰。

现实生活中，当一些青少年的内心被这两种情绪占据时，由于没有被重视，没有得到及时的治疗疏导，常常引发各种问题。

由此可见，那些坏的情绪，并非一些人所认为的不算是事儿，也不仅仅是让青少年不快乐而已，它的严重性和危害程度，必须引起人们的高度重视。具体到青少年身上，当发现自身有过多的负面情绪时，应尽快以合理恰当的方式，将这些坏情绪全部释放出去，或者及时寻求权威人士的帮助，使坏情绪得以疏解。

懂得减压，让自己快乐起来

在人的情感世界里，正面情绪和负面情绪，就如同对立的双方一样，一方多了，另一方就会少了。那么如何将坏情绪释放，让快乐自信回归呢？

★ 学会积极地表达，有不满就倾诉出来

积极的表达，是指遇到不快乐的事情时，不要闷在心里，而是

向身边的同学、朋友以及自己的父母倾诉，获得他们的鼓励、安慰和支持。

比如这一段时间学习上有了较大的压力，或者是在工作上受到了领导的批评，当感觉烦闷时，千万别闷在心里，要打开心灵的窗户向外“呼吸”，和身边的人倾诉。

常言说：“不吐不快，一吐为快。”很多时候，青少年内心积累的负面情绪，在一番畅快淋漓的倾诉之后，就能得到很好的宣泄，心理上的负担与重压也会减轻许多。

★ 学会转移注意力，不在坏情绪的泥沼中挣扎

思维和心态对人的情绪变化起着决定性的作用。心态愉悦，思维积极，眼中的世界自然就多姿多彩；反之，沉溺在消极的思维中不能自拔，坏情绪会因此“发酵”，你将永远只能在痛苦的漩涡中挣扎。

所以，当青少年心情处于低谷期，或者是暂时遇到了一些困难，别固执地钻牛角尖，要学会转移注意力。比如多去听一些舒缓的音乐，看一场喜爱的电影，或者是早早起床，在大自然的鸟语花香中跑跑步、锻炼锻炼身体。这些转移注意力的方式，都能起到很好的减压效果。

★ 学会自我开导，给自己乐观的心理暗示

学会自我开导也非常重要。当青少年身处困境时，不气馁，不灰心，给自己积极乐观的心理暗示，尽快赶走坏情绪，不做情绪的“奴隶”。

历史上无数先贤在这方面，都给青少年做出了学习的榜样。李白在人生失意时，依旧乐观自信，相信“天生我材必有用，千金散尽还复来”；蒲松龄在人生困顿时，能够信心满满地提笔自勉：“有志者，事竟成，破釜沉舟，百二秦关终属楚；苦心人，天不负，卧薪尝胆，三千越甲可吞吴。”他们这种积极的心理暗示法，值得青少年效仿。

第六章

不要拒绝交往

人是社会性生物，每一个个体在生命成长的过程中，都离不开和外界的交流与交往活动，从中获取情感上的慰藉、学习上的帮助、事业发展上的支持。

正所谓“多个朋友多条路”，在人生发展前进的道路上，身边有三五知己，或是一些志趣相投的朋友的相互帮助，我们前进的道路才会更加广阔，生命也会因此更为充实和有意义。

没有人能独自成长

有人说，孤独是一种宁静的美，喜欢享受独处的时光。然而独处，并非将自我完全封闭起来，切断与外界的联系。要知道，在人生成长的道路上，没有人可以独自成长。

独自成长，是一个“伪命题”

仔细观察，会发现有这样一些青少年，他们出于社交恐惧，常喜欢将自我封闭起来，不愿和外界有过多的交流，认为单独依靠自己，也能在人生的道路上很好地走下去，活得洒脱自然。

显然，抱有这种想法的青少年，只是一厢情愿罢了，独自成长，从本质上就是一个“伪命题”。

当我们作为一个生命来到这个人世间，从呱呱坠地的那一刻起，就离不开父母长辈的辛勤抚育。他们教会我们穿衣吃饭，给我们以正确的教育培养，一路呵护关爱，才让我们得以茁壮成长起来。

到了接受学校教育的时候，校园里的老师又成为我们学习道路上的“引领者”。知识的汲取、道德品行的塑造、个人综合素养的提升，都离不开老师的热心培育。

身边的同学朋友也是如此。从我们接触社会开始，包括日后参加工作，走上工作岗位，在这一路风雨中，他们的陪伴、鼓励、支持和帮助，成为我们前行道路上最大的精神慰藉。

如果再把眼光放得长远一些，想要成就一番人生事业，身边又怎么能缺少同伴的鼎力相助呢？离开必要的团队协作，谈事业、谈理想、谈目标的追求，都不过是一场空想罢了。

秦末乱世，刘邦从一介平民，发展到和西楚霸王项羽分庭抗礼，在楚汉相争时笑到最后，成为西汉王朝的开拓者。他人生的华丽蜕变，不也正是依靠萧何、张良、韩信这些文臣武将的全力配合吗？如果单纯依靠刘邦个人的力量，他自然难以取得如此巨大的人生成就。

由此可见，独自成长是一个“伪命题”，很多时候，它不过是一些青少年拒绝和外界交往联系的借口而已，是逃避现实的一种体现。

不要忽略交往的作用与意义

在青少年的人生成长过程中，必要的交往活动不可或缺，有交往，才能让自己有更好的成长。

★ 交往，青少年的身边会有更多的朋友

每一个生命个体，都需要来自外界情感的慰藉，内心深处也都有着强烈的情感需求。而同学朋友，正是填补青少年情感需要的存在。

敞开心扉，勇敢地和身边的人展开交往活动，和有着共同兴趣爱好的朋友聚集在一起，大家一起畅谈学习和未来，一起在理想的道路上相互扶持、相互鼓励，青少年眼中的世界，才能因此充满多姿多彩的色调。

尤其对那些性格相对内向的青少年而言，更要去积极主动地展开交往活动。在交往中，能够开阔自己的眼界和心胸，以更加平和开放的心态接纳更广阔的世界，使自己变得更加优秀。

★ 交往，青少年的心态会更积极健康

处于青春期的青少年，因心智上的不成熟，容易被各种负面情绪困扰。而破除负面情绪干扰的解决方式，就是要多与外界沟通交流，多去倾诉和表达。

比如一些青少年产生了惶恐、抑郁、紧张、焦虑等负面情绪，如果他们能敞开怀抱，去拥抱外面更为广阔的世界，自身的心态就能阳光自信起来，这些困扰青少年的负面情绪，也将消失不见。

★ 交往，能让青少年更好地融入社会之中

从家庭到学校，从学校到社会。青少年人生成长的落脚点，最终

还是在社会层面上，走上工作岗位，参加团队合作，和同事、领导一起为事业打拼。

从这一点上说，青少年应当注重和外界的交往，平日里也多去培养个人社交方面的能力，扩大交往的参与面，助力人生的成长。

青春随感

日常生活中的每一个人，实际上都处于一个密集的社交网络之中，无论是出于主动，还是被动参与，都避免不了和他人打交道，参与到社交活动中。具体到青少年的身上，人生至关重要的青春期，也是他们人格塑造、性情养成以及强大自我的主要窗口期，更应该积极主动地去拥抱外面的世界，提升社交参与力度，敢于走出去和人交流沟通，在人际交往中锻炼自我。

如何克服社交恐惧

在人际交往中，社交恐惧是青少年身上常见的一种情绪反应。在公众场合，有些青少年害怕社交，畏惧社交，担心遭受挫折和打击。在这种心理下，久而久之，他们会形成回避型人格，视社交为畏途。

青少年社交恐惧的根源是什么

在社交活动中，常会听到一些害怕社交的青少年这样说："不行，一到公众场合，当所有人注意到我的时候，我就极其紧张，手心出汗，呼吸急促。"

"我也是这样，遇到大型的社交场面，就会产生很大的精神压力，害怕成为人们关注的焦点，也不愿主动和陌生人交流，能躲就躲，真想让自己变成一个不被人注意的'透明人'。"

"我最恐惧的就是上台演讲了，一想到台下有那么多目光盯着我，大脑就会一片空白，原先准备好的演讲词，在众目睽睽之下，全部忘到九霄云外去了，太尴尬了。”

以上这些青少年无论是不愿社交，还是在社交活动上出现精神高度紧张的情况，其实都是社交恐惧症的现实体现。那么，青少年畏惧社交的心理根源是什么呢？

一个是内向型性格。一些青少年天生性情内向，在潜意识里不愿和陌生人交往，也不愿被别人过多关注，所以一提起社交，他们就会产生本能的抗拒。

另一个关键的因素，在于青少年内心深处的自尊和自卑心理。太过自尊，就放下不面子，难以有效融入集体之中；而太过自卑，青少年身上就缺乏强大的自信气场，担心被拒绝，害怕出丑，也会对社交活动敬而远之。

还有一种是过往的创伤经历。有一些青少年，也许外形不完美，或是言辞表达方面笨拙一些，有时候会受到他人的嘲笑和讽刺。久而久之，他们的内心深处，就会形成对自我的一种否定，为了不让自己受到更大的伤害，他们就会刻意疏远社交场合，以隐藏保护自我。

放平心态，让自己成为“社交达人”

患有社交恐惧的青少年，大多数并非主动拒绝社交，在他们的内心层面，反而也非常渴望和外界的交往，拉近和他人之间的社交距离，只是因为他们害怕被嘲笑，害怕被围观，害怕被人“说长道短”，所以才有了远离社交的戒备心理。

但长期的社交恐惧，容易导致封闭自我、孤立自我，进而影响自身的学习、生活和工作。那么，如何才能敞开心扉，让自己也能够成为一名“社交达人”呢？

诀窍一：放平心态，过度的自尊和自卑都要不得。

恐惧社交的青少年，都有较为严重的自尊或自卑心理，他们往往苛求完美，时时处处有求全责备的不当心理诉求，在这样的心态下，自然难以提升个人的社交活跃度。

因此，正确的应对策略就是放平心态，不要太在意社交活动中其他人的看法和议论，告诉自己我并不比任何人差，每一个人都是独一无二的存在，无须为此自卑。如此心态放平了，自信心也就得到了增强，在社交活动面前，也就敢于放开自我了。

诀窍二：日常多加强一些社交场景锻炼。

社交场景的锻炼，对提升社交的信心也非常重要。在日常生活中，空闲的时候不妨多对着镜子模拟和人交流说话的场景，持续反复地练习，慢慢地就不再害羞、懦弱了。等到参加真正的社交活动，言语举止自然就能大方得体了。

诀窍三：逐步扩大社交圈层，延伸社交距离。

克服社交恐惧的锻炼，也可以分层次、分阶段进行。比如可以先从身边熟悉的人入手，如此逐步延伸社交距离，最后达到可以和陌生人无障碍交流的良好效果。在心理学家眼里，这种逐步扩大社交圈层的做法被称作“系统脱敏疗法”，在实践治疗中效果明显。

诀窍四：多和积极正能量的人士交往，从中感受到爱和温暖。

生活中，确实存在一些爱嘲笑、讽刺他人的人，这些人无论看到谁，都会“评头论足”一番，让人倍觉难堪。如果是性格大大咧咧的人还好一些，假若遇到对方性情内向的话，无疑会加重他们社交恐惧的心理。

因而在日常生活中，要多和那些善良、有正能量的人交往，和这些人相处，他们知道如何照顾相处对象的心理感受，在他们的善意鼓励下，青少年能够得到放松，能够从中感受到温暖和关怀，逐步有勇气参加社交活动。

多一分宽容与理解

在社交活动中，因为参与人员的不同，青少年难免会遇到形形色色的人，也会经历很多的人和事，遭遇各种矛盾冲突与纠纷。但无论如何，在与人交往时，青少年应当多一分理解，始终让自己拥有一颗宽容的心。

唯宽才能容人

现实生活中，在人与人之间的社会交往中，难免会和对方发生误会、产生摩擦，这个时候，青少年应当如何处理应对呢?

也许一些青少年会脱口而出：如果伤害了我，道理又在我这一边，自然是针锋相对呀，一定要让对方知道我是不好惹的。

这样的做法或许没错，不用忍气吞声，只需快意恩仇。但静下心来仔细想一想，针锋相对的做法，是否显得我们没有宽大的胸襟和宽宏的气度呢？是不是非要以牙还牙、针锋相对、得理不饶人呢？原本“退一步海阔天空”的和谐结局，为什么一定要睚眦必报，宽以待人不好吗？

想通了这一点，青少年的内心自然也就会豁然开朗，在人际交往中，与人宽容相处，才能构建出更好的人际关系。

春秋战国时期，赵国和秦国多次发生摩擦。秦国仗着强大的军事实力，处处压赵国一头。

幸运的是，赵国有一个叫蔺相如的人，能够处处维护赵国的利益，比如在他的斗智斗勇下，和氏璧得以“完璧归赵”。就这样，屡次立下大功的蔺相如，被赵王提拔为宰相。

蔺相如的快速上位，引起了大将廉颇的强烈不满，作为赵国优秀的军事将领，他对蔺相如凭借“嘴皮子”上位的行为非常看不惯，多次对手下扬言，一旦和蔺相如见面，一定要当众羞辱他一番。

蔺相如得知情况后，避免和廉颇相遇。蔺相如的手下认为太丢脸面了，蔺相如却大度地说，他并不是害怕廉颇，只是他和廉颇是赵国的中流砥柱，有他们在，秦国才不敢耀武扬威，如果两人不和，遭受损失的是赵国呀！

廉颇听到蔺相如的话语后，羞愧不已，于是自己绑着自己，亲自登门向蔺相如赔礼道歉。蔺相如不计前嫌，原谅了廉颇，从而在历史上留下了“将相和”的千古美谈。

廉颇和蔺相如的历史故事，对青少年的为人处世应该有深深的启发：宽以待人，多一分理解，多一分包容，才会有和谐的人际关系。

 宽容和理解，会让人生之路走得更远

“人无完人，金无足赤。”懂得宽容和理解，不仅是个人胸襟和气度的体现，而且能在宽容别人的基础上，助力人生事业的发展，让个人发展之路更为宽广。

春秋时期，齐桓公还未当上齐国国君时，流亡在外。等到齐国国君死去后，为了争夺国君的位置，齐桓公在鲍叔牙的护送下，快马加鞭向齐国赶来。

谁知在半路上，齐桓公被管仲拦截，管仲张弓搭箭，射中了齐桓公的衣带钩。齐桓公将计就计，以装死的方式，骗过了管仲。

管仲这样做，是因为他希望另一位齐国公子能够坐上齐国国君的位置。但他不知道的是，齐桓公在成功骗过他们后，加快了返回齐国的速度，也如愿以偿坐上了国君的位置。

面对曾经想要杀死自己的仇人，齐桓公一开始也想要将管仲处死，但他听说管仲有出众的才华后，立即改变了主意，展现出自我豁达的胸襟，不仅赦免了管仲的不敬之罪，还大力提拔他。

管仲也知恩图报，在他的辅佐下，君臣齐心合力，齐国国力蒸蒸日上，最终齐桓公成了春秋时代的第一位霸主，位居“春秋五霸”之首。

显然，正是齐桓公的宽容大度，才让他成就了一番辉煌的霸业。试想，如果齐桓公小肚鸡肠，斤斤计较，非要杀死管仲一雪前耻，他还会有日后的人生高度吗？

宽容他人，理解他人，是一种拿得起、放得下的大度，更是一种

难得的智慧。与人相处，多一点退让宽容的举动，多一分与人为善的理解心，你前行的人生路，自然会宽敞许多。

青春随感

“大肚能容，容天下难容之事；开口便笑，笑天下可笑之人。”这副广为流传的对联告诉我们，学会宽容，懂得去理解他人，是人们身上博大情怀的展露，它是一种生存的智慧，也是一种从容自若的生活艺术，更是“有容乃大”人生哲理的现实体现。当然，青少年还应明白的是，宽容，并非一味地纵容，在人际交往中，如果对方超越了我们忍让的底线时，也应发起反击，不能一直无原则地容忍对方。

学会换位思考

在人际交往中，为他人着想，是人身上最善良的品行之一。能够站在他人的角度，感知、理解他人的艰难、痛苦和辛酸，拥有同情心和同理心，这就是换位思考的精髓所在。

不懂得换位思考，只能是自取其辱

人们常说："与人为善，于己为善。"懂得换位思考，能够站在对方的立场和角度去思考问题，才能赢得人们最大的尊重。

反之，生活中那些不懂得换位思考道理的人，处处从自我的角度出发，只强调个人的感受，那么你怎么对待别人，别人也会怎样对待你。

春秋时期，齐国的国相晏子出使楚国，楚国人想要羞辱晏子一番，当他们得知晏子个子矮小时，就想出了一个计谋。

楚国人在都城的大门旁边开了一个小门，不让晏子走正门，让他从这个侧门进去。

晏子也明白这是楚国人在故意刁难他，他冷静从容地质问对方："这是一个狗门，但只有出使狗国的人，才会从狗门进入。现在自己奉命出使楚国，难道楚国是狗国，需要我从狗门进入吗？"

晏子的一番话，让负责接待他的楚国人满面通红，他们赶忙打开大门，恭恭敬敬地让晏子从正门进入。

晏子拜见楚王后，楚王也想羞辱晏子一番，他眼珠一转，有了主意。他在招待晏子饮酒时，故意让两名宫廷侍卫绑着一名男子从晏子跟前走过，并且故意询问侍卫男子被绑的原因。侍卫回答说，绑着的男子是齐国人，因为偷了东西才被抓了起来。

楚王听了，洋洋得意，他对晏子一脸嘲讽地说："你看看你们齐国人，怎么都是小偷呢？"

晏子听了不慌不忙，反而镇定地回答说："我听说有一种橘树，长在淮河以南，结出的是甘甜的橘子，但是一旦将它移栽到淮河以北，它就只能结出苦涩的枳，品性发生了根本的改变。我们齐国人在国内从不偷东西，为什么到了你们楚国就变成了小偷了呢？是不是楚国的水土造成的呢？"

晏子的一番话，让楚王羞愧难当。

从这则历史故事中，你能明白一个什么样的道理呢？显而易见，楚王和楚国人不懂得换位思考的道理，想要羞辱晏子，反倒被晏子狠狠教训了一番。不尊重他人，态度傲慢，结果自然也不会被他人尊重，只能自取其辱。因此说，只有彼此相互理解、相互尊重，才会有融洽的关系产生。

 学会换位思考，你的人生会更广阔

拿破仑说过一句话，大概意思是：一个人如果能够懂得换位思考，能真正地站在他人的立场上看问题、考虑问题，并能切实地帮助他人解决问题，那么不用问，这个世界就是你的。

换位思考，是一种生存大智慧。生活中那些聪明的人，都能够在与他人交往时，站在对方的立场上去考虑问题，在同情心和同理心的基础上，体谅对方，并以此收获更多朋友的爱戴与尊敬。

有这样一则寓言故事非常有趣。在一家农场里，有一只绵羊、一头奶牛和一匹小红马。每天马儿早出晚归，回来后，都是筋疲力尽的样子，当然也少不了一些抱怨。

绵羊对小红马的样子很看不惯。有一次，它忍不住教训起小红马："看你每天愁眉不展的样子，主人难道对你不好吗？在这里，有草吃，有水喝，你何必牢骚满腹呢？"

奶牛听了，对绵羊说："我们虽然有草吃，有水喝，但各自的分工不同。主人需要你身上的毛，需要我身上的奶，而小红马，却需要每天帮助主人不停地劳作，在我们中间，它吃苦受累最多了；况且没有小红马的劳动，我们哪里能有充足的食物呢？所以我们应当去关心它，体谅它，而不是指责它。"

小红马对奶牛能够站在自己立场上看问题的做法很感激，从此

之后，一有机会，它就驮来新鲜的草料给奶牛吃，和奶牛成了最好的朋友。

懂得换位思考，不仅让这个世界充满了温情，也会为你赢得更多的朋友，有朋友的扶持和帮助，你的人生就会更加广阔。

好朋友与坏朋友

青少年在社交活动中，要多去结交一些新朋友，拓宽人生发展的道路。同时青少年应明白的是，主动、积极地参与社交是好事，不过要注重社交质量，别让坏朋友带坏了你。

你身边有坏朋友吗

朋友是一个中性的词语，本身没有好坏之分。然而具体到每个人的身上，却有了好与坏的区别。好朋友是青少年人生发展道路上的重要帮手，而坏朋友却是青少年前进道路上的“绊脚石”。

云峰是一个性情开朗、热心助人的小伙子。他刚走上工作岗位，非常注重自身人缘的积累，处处与人为善。

善良、热情的他也很快结识了很多新的朋友。在这些朋友里面，一个名叫小蒲的人和云峰走得很近。

小蒲能说会道，对人很热情，经常和云峰在一起玩。喜欢和朋友相处的云峰，自然也将小蒲当作了自己的一个好朋友。

在平日里的工作中，云峰对小蒲也多有照顾，每当工作上遇到难题时，云峰也总是第一个冲上去，能自己一个人解决的，他就不会麻烦小蒲他们。

面对云峰的照顾，小蒲嘴上也经常对云峰表示感谢，说在工作上多亏了有云峰这样的好朋友，分担了他身上不少的工作量。云峰听了，更把小蒲当作亲密的朋友看待。

由于工作上出色的表现，不到半年的时间，云峰便被提拔为主管，其他朋友见了，纷纷替云峰高兴。在众人祝贺时，只有小蒲脸上的表情不是太自然，云峰见了，也没放在心上，还以为他是身体不舒服。

没过多久，云峰负责的项目出现了小小的纰漏，不过在他的快速反应下，也没给单位造成什么损失，云峰就没有上报，私下里平息了这场风波。

正当云峰以为这件事情就这样过去了，他却突然被经理叫了过去，见面后，经理劈头盖脸狠狠批评了云峰一顿，责备云峰工作粗心。

从经理房间里出来后，云峰思前想后，自己也觉得很诧异，从经理的表现上看，显然一定有人打了小报告。

但云峰想不通的是，知道这件事的也没几个人，而且大家平时都相处得不错。再说了，也不是什么原则性的问题，谁又会这么无聊暗中打小报告呢？

云峰的疑虑很快有了答案。一位和他关系密切的朋友告诉他，一切都是小蒲在背后搞的鬼。平日里，小蒲就常在背后说云峰的坏话，尤其是云峰坐上了主管的位置后，小蒲更是不满意，牢骚满腹，还说有机会要让云峰尝尝被批的滋味。云峰被经理叫走谈话前，这位朋友看到小蒲鬼鬼祟祟从经理房间溜了出来，还一脸得意的神色。

云峰结合前因后果，也恍然大悟，他曾经认为的好朋友，原来是坏朋友一个，看不得自己的成功，背后中伤他。不过通过这件事，云峰也看清了小蒲的真实面目，从此远离了他。

如何辨别身边的好朋友和坏朋友呢

云峰的案例告诉青少年，在人际交往中，要睁大眼睛，学会辨别身边的好朋友和坏朋友。

当你成功时，好朋友会为你的发展进步感到高兴，真诚地祝福你；坏朋友却不同，他会因你的成功而嫉妒，暗地里造谣诋毁，落井下石，巴不得你出丑失败。

和你交往时，好朋友总会站在你的角度，替你着想、考虑，一言一行也会充分照顾到你的感受；坏朋友却不会这样，他们时时处处以自我为中心，在他们眼中，他们的所作所为总是对的，而你，永远都是错的。

在利益面前，好朋友不会利益独占，而是宁愿自己吃亏，也绝不会让你遭受任何的损失；坏朋友的眼中只有利益，为了赚取更大的利益，他们会做出出卖朋友的卑鄙勾当。

好朋友在一起，是为了相互鼓励、安慰和扶持，心心相印，风雨同舟，患难与共；坏朋友接近你，不过是为了利用你，从你身上捞取好处，一旦你失去了利用价值之后，他们会远远躲着你。

当你人生落魄，处于低谷期时，好朋友会雪中送炭，无私地伸出援助之手，希望帮你尽快走出人生的黑暗期；坏朋友只会锦上添花，一旦你落了难，他们不仅不会伸手拉一把，反而还会背后踩上一脚。

好朋友会对你的人生成长提出各种好的建议和意见，哪怕忠言逆耳，他们也要发出自己的声音，让你警醒；坏朋友只会围着你转，对你各种讨好逢迎，看似亲密，实则包藏祸心。

怎么样，你学会区分身边的好朋友和坏朋友了吗？

与父母和解

“人无完人，金无足赤。”对于青少年来说，父母也不是完美无缺的人，他们或许也会带给你情感上的种种伤害。但出于种种考虑，为了更健康地成长，青少年要学会与父母和解。

世上没有完美的父母

一提到原生家庭中的父母，一些青少年的内心便会涌起复杂的情绪，他们能够感受到来自父母的爱，但很多时候，他们的精神和心灵，也常常被父母的某些行为所伤害。因此在面对父母时，他们不知道应该以什么样的恰当方式和父母融洽相处。

青少年的这种心理，也真实地反映了一些现实问题。不同家庭的不同父母，教育孩子、引导孩子、培养孩子的方式不同，有时会给孩子造成或深或浅的伤害。

在原生家庭中，有些父母给孩子种下的是爱和尊重的种子；而另外一些父母，却让孩子感受到的是恐惧、自卑与内疚。

比如在自卑这一方面，有些父母的性格太过强势，让孩子养成了谨小慎微的性情特征，逐步养成了自卑的心理，不会人际交往，做事缩手缩脚，如果不加以改变的话，人生的悲剧也由此悄然埋下伏笔。

青少年自私性情的形成，也和原生家庭中的父母有关。父母溺爱孩子，事事以孩子为中心，在这种家庭教育模式下成长起来的孩子，容易变得自私自利、做事极端，当他们在社会中处处碰壁后，才知道曾经来自父母所谓的爱，原来是一种深深的伤害。

显然，这样的父母对青少年的心理和性情养成，造成了一定的负面影响。

实际上，青少年如能仔细回想、对比的话，在这个世界上，并没有完美的父母，在任何一个原生家庭中，父母都难免带给孩子一些伤害，只是程度的深浅不同罢了。

和父母和解，学会放下

对于原生家庭中来自父母的伤害，青少年要在接受现实的基础上，学会和父母和解，而不是彼此之间相互伤害。

★ 和父母和解，首先是要勇敢表达自我内心的真实想法

当在情感上被父母伤害时，选择对抗和逃避的方式，都是错误的做法。青少年要有勇气，勇敢地将内心的想法和盘托出，在心平气和

的基础上和父母展开充分的沟通。

比如父母溺爱弟弟，却对身为姐姐的“我”有些忽视，没有将重心放在“我”的身上。这时你就可以在一个合适的机会，和父母沟通：“我和弟弟都是你们的孩子，我也聪明可爱、懂事乖巧，你们不能这样厚此薄彼，我觉得很不公平。”

敢于去表达，让埋在内心深处的委屈情绪有一个畅通的宣泄口。很多时候，我们对父母的不满和怨恨，不过是求爱而不得。所以，当这些委屈得到恰当的表达、“流动”和宣泄时，父母才会正视我们内心的声音。我们也才能通过这样的方式，将委屈、不满和愤怒统统释放，不让这种伤害继续控制我们的生活，影响个体身心的健康成长，这也是治愈自己、缓解和父母之间关系的第一步。

★ 懂得去理解、去反思

世间的父母，对子女的爱都是深沉的。但与此同时，天下没有完美无缺的父母。他们的爱和教育，会有这样或那样的缺点和不足，不能对他们太过求全责备。

青少年需要进一步反思、理解的是，父母赋予了我们生命，他们对子女的伤害，大多数时候并非出于本心，而是一种无意识的伤害，或者说，是他们在“望子成龙”“望女成凤”急切心理下的过激反应。生活中的父母，也只是一个个再普通不过的个体，人非圣贤，孰能无过？

青少年应当学会用成人的目光，尝试理解父母给予的爱和伤害背后的成因，将负面的情绪转化为积极正面的能量。

★ 适时放下

适时地放下，是在内心层面和父母和解，也和曾经纠结、痛苦的自己和解。

在现实生活中，父母很难完全按照青少年内心所期待的那样去做。明白了这一点，青少年就应当学会放下，不再为过去所受到的伤害和委屈而伤心流泪。学会向前看，将注意力放在自己的身上，不再纠结、痛苦，自己释怀了，才能够从爱自己开始，然后去爱生活和人世间所有值得去爱的事物。

第七章

不自负、不自卑

在人的自我认知方面，自负和自卑是一对矛盾对立的情感体验。自负的人妄自尊大，目空一切，轻易不会听从他人的建议和劝告，在人生发展上很容易摔跟头；自卑的人缺乏应有的自信心，做事缩手缩脚，胆识不足，气度和胸襟不够，一辈子大多也一事无成。

明白了自负和自卑的各自弊端，青少年也应时刻关注自身的情感体验，当内心有自负的苗头时，要及早改变，始终保持谦逊低调的作风；当内心被自卑所占据时，不妨这样去想：自己都看不起自己，难道还能指望其他人看得起自己吗？破除心中自卑的魔障，就是要让自己多一点自信，多一点积极的心态，挺起胸膛，不去在意他人的目光，大胆勇敢地走下去。

谦逊是一种美德

在青少年的诸多优秀品质中，谦逊低调，应当排在一个非常重要的位置，它就像藏于土中的根，所有崇高的美德都来源于此。生活中，那些懂得谦逊的青少年，常让人心生好感，他们以这种强大的人格魅力，吸引到了更多朋友的鼓励、扶持和帮助，也更容易获得人生事业上的成功。

谦虚使人进步，骄傲使人落后

谦虚，自古以来便是中华民族的传统美德之一。“谦受益，满招损”“墙上芦苇，头重脚轻根底浅；山间竹笋，嘴尖皮厚腹中空”等格言警句，也广为流传，深入人心。

保持谦虚的美德，会让人心态从容平和，行事沉稳低调，能不断地促进自我的成长。同时，这种谦和温润的君子之风，也倍受人们的敬仰。

反之，一旦认为自己天下第一，目中无人，把谦虚的品德丢在了一边，在现实面前，最终将会碰得头破血流。

三国时期蜀国将领马谡，就是因自高自大而招致失败的反面典型。当蜀国和魏国两军对垒时，街亭是一处非常重要的防守据点，守住了街亭，蜀国军队进可攻，退可守；丢失了街亭，蜀国的退路都有可能被完全切断，由此可知街亭的重要性。

在防守街亭的人选上，面对马谡的主动请缨，诸葛亮内心有过几丝犹豫，担心马谡没有这个能力。马谡却信心满满地签下军令状。事已至此，诸葛亮心一软，将马谡派了上去。

自负的马谡走马上任后，恃才傲物的他，对于来自部下的劝阻充耳不闻，下令将大军转移到山上防守。他的这一愚蠢决策，给防守街亭的蜀军带来了灭顶之灾，魏军趁机断绝水源，趁着蜀军自乱阵脚时，一举拿下了街亭。急火攻心的诸葛亮，也只得“挥泪斩马谡”。马谡的骄傲行为，让他付出了沉重的代价。

“谦虚使人进步，骄傲使人落后！”青少年也应从过往的历史经验教训中，汲取人生的智慧，始终保持谦逊的美德。

尺有所短，寸有所长，请保持谦逊

稻田里，越是那些颗粒饱满的稻穗，越是垂下身子。生活中那些真正有学问、有水平的人，常能低调处世，谦和内敛，待人接物时始终保持一颗平常心，而不是自以为是，一副盛气凌人的姿态。

唐代大诗人白居易，在文学创作上有着极高的造诣。即使如此，白居易从未有过骄傲自满的心态，他反而能够俯下身子，向身边的人探讨请教诗词的写作问题。

相传有一段时间，白居易在乡下居住的时候，每写好一首诗，就念给村子里的孩童和老妇人听，并征求他们的意见进行修改。直到孩童、老妇人听了拍手叫好时，白居易才认为这首诗的创作总算是成功了。

作为一位名动天下的大诗人，白居易并没有因为孩童和老妇人的学识低而轻视他们，因为他懂得“尺有所短，寸有所长”的道理。

世间的每一个人，都有各自的优点和长处，也许你在某个方面比其他人强一些，但不代表你处处都能强过别人。明白了这一点，青少年在日常生活中，应当以虚心的态度，发现并能去学习别人的优点，在博采众长的基础上，不断地提升自我、发展自我。

学海无涯，学无止境。每个人的生命是有限的，但知识和学问是无限的。一个人无论如何博学，他所掌握的知识技能和学问的汪洋大海相比，依旧不过是沧海一粟。

青春随感

青少年应当明白，谦虚是一种美德，但有两种“谦虚”要不得。一种是过分的谦虚，谦逊过度，反而是一种虚伪的表现；另一种是为了自己能够赢得谦虚的好名声，而去故作谦虚，这种“谦虚”显然也是虚伪的表现。对此青少年应当有一个全面清晰的认知，做真实的自己，展现真实的谦虚。

外貌没有你想象的那么重要

很多人的自卑，源于自身没有出众的容貌，由此自惭形秽，一点点地丧失了自信。出众的外貌真的那么重要吗？显然不是。过分看重外貌，本身就是一种非常肤浅的表现。试想，没有内在素养和优秀品行支撑的外貌，再漂亮又有什么用处呢？

外貌真的那么重要吗？真才实学是第一

对于爱美的青少年来说，生活中的他们，都渴望自己青春靓丽，拥有出众的容貌、傲人的身材，一旦个体的外貌没有“闪光点”，心理上自卑的阴影就会悄然出现。

显然，在这些青少年的心目中，外貌是一切，颜值高才能自信满满，否则就一副怨天尤人的表现，这实际上是自卑心作祟的结果。

诚然，俊美的外貌，容易引人注意，在社会交往活动中，也容易令人心生亲近，获得一个好人缘。同时，一些特定的职业也对外貌有较高的要求，如播音主持、礼仪接待等工作。

但是不是据此就可以确定无疑地说：外貌就是一切，高颜值就能包打天下吗？

答案并非如此，仅凭外貌，只是在先天的外形上占有了那么一点优势，然而从事实际工作、处理问题、解决问题，最根本的还在于自身的才华上面，没有才华，一切都是零。

三国时期，和诸葛亮齐名的庞统，满腹经纶，胸有奇谋，时人将他们两人并称为“卧龙凤雏”，还说“卧龙凤雏得其一可得天下”，这也从侧面证实了庞统出众的个人才华。

然而有着过人谋略的庞统，在外貌上却令人不敢恭维。《三国演义》一书中对庞统外貌的描述是：“浓眉掀鼻，黑面短髯，形容古怪。”

这样的一个长相，不要说高颜值了，连普通样貌都算不上，简直可以用“奇丑无比”来形容。对于自身的长相，庞统自然也“心知肚明”，为了克服外貌上的缺点，他转而在真才实学上下功夫，拥有了一身出众的才华。

比如他后来在投靠刘备时，一开始只是一个小小的县令。但在县令的任上，庞统很快发挥出了自身出众的才能，将他所管辖的县域治理得井井有条，这让刘备心生敬佩，对他刮目相看，赶忙将庞统请到自己的身边，委以重任。

庞统也不负众望，他在刘备身边充分一展所长，出谋划策，为刘备夺取蜀地立下了汗马功劳。

从庞统的人生故事中可以看出，外貌并非重要到无可替代的地步。一个人真正的“闪光点”，在于他的内在，才华才是根本。因此，那些喜欢“以貌取人”的人，思维认知太过肤浅片面。

外貌不佳也不必自卑，从内在上去弥补

生活中，一些青少年常把关注点放在一个人的外貌上面。实际上，这是一种失之偏颇的看法，肤浅地将关注焦点指向一个人的长相上，而忽略了其人整体外表形象，犯了将外貌和外表混为一谈的错误。

深入理解，一个人的外貌，单纯指代对方的容貌长相问题；而一个人的外表，却涵盖了很多内容，比如优雅的谈吐、得体的仪容仪表、由内到外散发出来的阳光自信、镇定从容的风度等，而这也正是一个人气质、才华和内涵的全面体现。因此说，人们需要关注的，是一个人的外表，而非简单的外貌。

也许有青少年会说：“虽然我也知道外表的重要性，但自身的外貌长相真的很一般，难免会产生自卑的心理，我如何才能很好地克服这种自卑心理？又该如何弥补外貌上的不足呢？”

想要回答青少年这一问题，我们不妨先来看一看世界著名的物理学家爱因斯坦。他个子不高，相貌一般，但在物理学领域上做出了杰出的贡献，对现代物理学的发展起到了重要的推动作用，难道说他并不出众的相貌，影响了他才能的发挥了吗？当然没有。

由此可知，青少年不要因自身的外貌而有任何的自卑心理。相貌不佳没关系，关键还在于内在的修为，努力学习科学文化知识，掌握更多的社会实践技能，从人品、修养、谈吐、气质各个方面全方位地提升个人的外在，才能做一个内心强大、真正优雅美丽的自己。

世界上没有笨小孩

世界上有没有笨小孩呢？当然没有，人们眼中所谓的“笨小孩”，只是暂时还没有发现他们身上的闪光点而已。每个人都有各自的天赋和特长，不能简单地以学习成绩下定论。事实上，世界上没有笨小孩，只有不努力的孩子。

你笨吗？实际上你并不笨

生活中，一些青少年因为考试成绩不好，或者做事有些“笨手笨脚”，在自卑心理的作用下，常常把自己归入“笨小孩”的行列。在他们的潜意识里，个人智商和班上那些学习好的同学相比，确实存在着不小的差距，由此便认为自己要比别人笨一些。

事实果真如此吗？当然不是。简单地以学习成绩论高低，判断孩子聪明与否，是一种非常片面的做法。很多人眼中的“笨小孩”，实际上非但不笨反倒无比聪明。

斐斐就是这样一个典型的例子。在平时的学习考试上，斐斐的成绩一直不是太理想，大约在班上中下游的水平。所以，不要说斐斐的父母，就是斐斐自己，也认为自己没有高智商，读书学习的领悟力不如别人。

虽然在学习上并不是太出色，不过斐斐对机械和电子有着强烈的兴趣，从小学五年级开始，他就参加了学校的机器人兴趣小组，升入中学之后，斐斐依然是机器人小组中的核心成员。

有一次，全市举行机器人大赛，在学校小有名气的斐斐，也被班主任看中，鼓励他报名参加。

斐斐听了，吓得连连摆手，他对班主任说："我真的不行，平时就是和有着相同爱好的同学们一起玩玩而已，水平高不了哪里去，老师你还是另选高明吧！"

面对斐斐的拒绝，班主任老师却笑着鼓励他，相信他在机器人方面的能力和水平，说他是最合适的人选。为了打消斐斐的顾虑，班主任还给他吃了一颗"定心丸"，说比赛得不得名次不重要，重在参与。

班主任的鼓励和肯定，让斐斐有了勇气参赛。到了正式比赛时，斐斐打起精神，全神贯注地投入其中，一路过关斩将，最后竟然获得了全市机器人大赛第一名的好成绩。这个好名次的获取，不仅为学校争了光，也让大家从此对斐斐刮目相看，再也没有人将斐斐看作"笨小孩"了。

斐斐的案例告诉我们，每一个孩子其实都不笨，只不过他们擅长的领域不一样而已。有些孩子，在绘画上有着极高的天分；有些孩子练习书法进步神速；有些孩子虽然谈吐木讷，不过动手能力超强，再复杂的机械组装，到了他手里都游刃有余；更有些孩子，在情商方面很有天赋，待人接物、说话谈吐都能恰到好处，有着出众的社交能力。

所以，青少年也应当看到的是，当他们从学校踏入社会时，每个人都能在社会这片广阔的天地里，找到属于自己的一席之地，或从事科研，或担任管理工作，或推销公关，等等。事实证明，在人们“唯学习论”的固有偏见中，一些人眼中的“笨小孩”，实际上根本就不笨。

世上没有笨小孩，只有不努力的孩子

世界上没有笨小孩，如果有，那只是他们还不够努力，没有将个人的潜能全部发挥出来罢了。

爱因斯坦作为享誉世界的伟大物理学家，关于他的故事广为流传。据说小时候的爱因斯坦性格内向，不爱说话，并没有表现出太聪明的样子，做事反而还有些笨手笨脚。

有一次手工课上，老师从同学们制作的各类小物件中，挑选出一件外形丑陋的小板凳，气呼呼地举着小板凳，对全班同学发问：“这是谁做的？实在是太差了，你们见过世界上还有比这更糟糕的手工吗？”

爱因斯坦听了，满脸通红，他鼓起勇气站起身来，一边从抽屉里拿出另外两只小板凳，一边回答说：“有，这是我做的前两个小板凳，比刚才展示的那个还要差。”

老师看到爱因斯坦如此用心努力，也就不好再说他什么了。虽然小时候的爱因斯坦没有展现出超高的天赋，但后来，他通过自身的努力，使得自己在物理学方面的天分得到了全面的发挥，为世界物理学的发展做出了卓越的贡献。

对于大多数人来说，智商上的差别并不大，关键在于后天的努力。

一家媒体采访一名学业有成的优秀学子，问道：“你能在课题研究上取得这么好的成绩，从小到大一定是一名品学兼优的好学生吧？”

这名优秀学子却回答说：“其实不是，小学时候的我，学习很一般，我是从上了中学以后，才开始发奋努力的。”

由此可见，在学习上，后天的努力至关重要。也许青少年有那么一段时间不在学习状态，但请不要着急，正视自己的问题，增强自己的自信心，培养良好的学习态度和学习习惯，相信通过后期的努力，一定会变得优秀起来。

青春随感

世界上没有笨小孩，如果有，那一定是父母的偏见造成的。每个孩子的禀赋、潜力都有所不同，作为父母，不要心急，耐下性子用心培养，给予他们足够的尊重、安慰和鼓励，从他们的兴趣特长入手，去发掘他们体内潜藏的巨大能量，相信每个孩子最终都能熠熠生辉，绽放出夺目的光彩。

怎么看待“别人家的孩子”

在青少年眼中，父母口中“别人家的孩子”，是他们人生成长道路上最大的“心魔”。父母动不动就拿他们和“别人家的孩子”做对比，然后各种打击，无形中会造成青少年的焦虑心理。为避免心态失衡，青少年要学会以理性的眼光，正确看待“别人家的孩子”，不要嗤之以鼻，也不要妄自菲薄、自怨自艾。

你是否被“别人家的孩子”折磨过

在青少年成长的历程中，他们经常会从父母口中听到“别人家孩子”的信息：“你看咱们的邻居，他们家的女儿，今年高考，几乎没费多大力气就考上了名牌大学，真是令人羡慕。”

“我同事的孩子，从小就非常乖巧听话，学习刻苦，琴棋书画样样精通，真让人省心，咱们的孩子要是这样就好了。”

凡此种种，青少年耳中“别人家的孩子”，都是那么优秀出众，不是性格好、懂事大方，就是学习好，随随便便都是重点大学、重点高中的苗子。读书上学的时候，要和他们比成绩；从学校毕业了之后，还要和他们比工作。

简言之，“别人家的孩子”的存在，仿佛就是标尺和榜样，青少年必须向他们看齐。这样一来，让青少年倍感压力，“别人家的孩子”成为他们心中挥之不去的一道阴影。

“别人家的孩子”无处不在，璐璐就曾为此自卑烦恼过。原来从小学开始，她就经常被拿来和“别人家的孩子”做对比，一路从小学到初中，不是比学习，就是比性格。现在璐璐都是高中生了，她还时不时听到父母搬出一个又一个“别人家孩子”来给她作榜样。

璐璐对此不胜其烦，有时她曾痛苦地想：是不是自己一辈子，都要活在“别人家孩子”的阴影里呢？到了大学，或者是将来参加了工作，恐怕父母的口中，依旧还有无数“别人家的孩子”，等着璐璐和他们一较高低，真的是没完没了了。

有好几次，当父母提及其他孩子怎样怎样时，怒气冲冲的璐璐，冲着父母发脾气：“为什么你们总是拿别人来和我做比较呢？一次、两次也就算了，可是你们没完没了，我真是烦透了。”

每次璐璐发脾气后，父母会安静一段时间，不过过不了多久，他们就会又“旧事重提”，这让璐璐又急又气，哭笑不得，她讨厌父母这种“鼓励”式的教育，但又无可奈何。

现实生活中，有璐璐类似遭遇的青少年不在少数，对他们来说，这是一种精神上的折磨。时间久了，这些青少年要么是充耳不闻，对父母拿出来的榜样嗤之以鼻；要么是在巨大的失落中，心理上产生深深的自卑，在自惭形秽的同时，怨恨自己为什么那么笨，做不到像“别人家的孩子”那样出众优秀。

 沉下心，发展自己

父母拿“别人家的孩子”，来和自家的孩子做对比，无非是想要在孩子心目中树立一个榜样，让孩子“见贤思齐”。殊不知，一两次的对比尚情有可原，但次数过多，频率过繁，容易导致孩子产生两种极端的心理：一种是不屑一顾，另一种是极度自卑。

这两种极端的心理，会对孩子的人生成长带来严重的负面影响。原本父母的出发点是好的，但方法不对却适得其反。

从青少年自身来说，如何才能改变这两种不良的心态呢？这里面就涉及一个如何正确看待“别人家孩子”的问题。

首先，青少年要端正态度，承认“别人家的孩子”确实非常优秀，在学习和为人处世方面，确实有值得学习之处。

同时青少年应进一步看到，这些“别人家的孩子”，在学习上之所以能够取得优异的成绩，在做人方面谦虚有礼，是因为他们背后付出了无数努力。

明白了这一点，青少年就应收起“不屑一顾”的心态，不会反思自我，就永远也发现不了自身存在的不足和缺点。

其次，在优秀的榜样面前，青少年也不应产生自卑心理。有一些青少年，一看到和榜样相比差距太大，望尘莫及，在心态失衡下，干

脆选择自暴自弃的行为，失去了上进心。

事实上，青少年应清醒看到的是，双方之间有差距没关系，沉下心来发展自己，奋起直追，相信只要通过刻苦和努力，自己也一定能够变得优秀起来。

在更深层面，青少年为了消除自卑心理，不仅要客观地看待自身的短处，还要善于发现自身的长处，不妄自菲薄，自然就能信心满怀，以榜样为力量，砥砺前行。

树立正确的金钱观

树立正确的金钱观，对青少年的人生成长有着深远的影响。正确的金钱观，有利于青少年健康心态的养成；正确的金钱观，对青少年人生观、价值观、世界观“三观”的塑造，也有着莫大的益处。

青少年都有哪些错误的金钱观呢

青少年正处于人生的成长阶段，由于涉世不深，对事物的认识往往停留在浅层和表面上，在对金钱的认识上，也是如此。具体来说，有这样几个表现特征。

★ 花钱大手大脚，不知道节制

生活中，一些青少年特别浪费，不管有用没用的东西，只要是喜欢，他们就愿意拿钱买下来；或者是故意在同学、朋友面前显摆，请客吃饭抢着买单。他们这样做，主要是为了突出自己“豪爽”的一面，只有如此自己才觉得更有“面子”。

子轩就是这样。平日里，子轩对待身边的同学、朋友都非常大方。如果大家空闲的时候在一起聚餐，子轩总是第一时间跑去将账给结了；朋友过生日，子轩也总是最积极的一个，买生日礼物，定制价值不菲的生日蛋糕。出手阔绰的他，每次当听到朋友夸赞他“大方、讲义气”时，就觉得格外高兴，认为这样的花费非常值。

子轩花钱大手大脚，那么是不是因为他的家庭非常富有呢？其实并不是，他的父母都是普通的职工，家境很一般。而子轩自己，也刚刚参加工作不久，每个月熬不到发工资，他就面临无钱可花的窘迫局面。即使如此，子轩宁愿悄悄地向身边的同事借钱周转，也不愿在朋友面前失了面子。他喜欢被人夸赞的感觉，愿意成为朋友中间那个被众人围着、捧着的焦点。

★ 爱炫富

有一些青少年，自身的家境相对好一些，父母也比较纵容他们，平时给他们大把大把的零花钱，这也导致这些青少年从不为没有钱而发愁。

在这种情况下，手头宽裕的他们，就常常以炫富的姿态出现。为了显示自己富裕的家境和与众不同的优越感，平日里故意买一些高档的手表、背包、衣服等，衣食住行处处都显得高高在上，并在同学、朋友面前大肆炫耀，以此来满足自我的虚荣心理。

★ 相互攀比

攀比，也是青少年群体中经常出现的一种情况。今天他买了一件好看的衣服，明天我也去购买一些更昂贵的服装；看到身边的同学换了新手表，心里便觉得不舒服，自己刚买的手表这时看起来也非常别扭，于是也扭头重新购买一个新的，无论是价格还是款式，目的只有一个：非要将对方比下去。

在这种攀比心理的驱使下，他们从不考虑实际需要，也不会顾及背后的家庭是否有足够的经济实力支持自己这样奢靡浪费的消费，只要虚荣心得到了满足，比什么都重要。

以上种种，都是青少年群体中不良金钱观的体现。在这些错误金钱观的误导下，青少年很容易走入“拜金主义至上”的误区，他们或认为金钱是万能的，没有金钱解决不了的事情；或认为只有金钱才能维持体面的生活，为了获取金钱，他们不择手段，甚至走上违法犯罪的道路。

君子爱财，取之有道，培养正确的金钱观

现代社会中，一个人的生存和发展，小到衣食住行，大到投资创业，背后都需要一定的钱财来维持，没有钱，我们的生活将很快陷入困境之中。

虽然如此，但对于人生刚刚起步的青少年来说，依旧要有对金钱正确的认知，决不能成为金钱的奴隶。

★ 不要将金钱看得过重

金钱的作用不可忽视，但并不能因此说金钱就是一切。除了金钱，人生还有许许多多更为重要的东西，如自我价值的实现、对社会的无私奉献、努力发展人生事业等，这些才是生活的本质，也是值得青少年追求的有意义的目标。如果过分地看重金钱，陷入“钱眼”中无法自拔，一切行为都是为了钱，这样的人生，无疑是无趣和失败的。

★ 君子爱财，取之有道

钱是维持人们日常生活的必需品，但在金钱的获取上，青少年一定要正确地看待，要用正当手段光明正大地去赚钱，通过诚实劳动和合法经营获取属于自己的正当利益，远离不法行径。

★ 金钱消费上，做到用之有度

需要花钱消费的时候，青少年一定要把钱用到自己最需要的地方，不大手大脚，不铺张浪费，更不要为了攀比肆意挥霍。简单地说，就是该节省的时候要节省，该消费的时候也不要吝啬，以正确的金钱观引领自我人生的健康发展。

第八章

不负时光，奋斗正当时

在《钢铁是怎样炼成的》这部世界名著中，保尔•柯察金有这样一句广为人知的励志之语：“一个人的生命应当这样度过：当他回首往事的时候，他不因虚度年华而悔恨，也不因碌碌无为而羞愧。”

事实上也确实如此。仔细想一想，青春是什么呢？青春不仅是轻舞飞扬的美好，更充满了对人生未来所有美好的憧憬，它是努力奋发的代名词。青少年不负时光，努力拼搏，当他日后回首自我的青春时，一定会感谢那个努力的自己。

你越来越“佛系”了吗

佛系，是当下非常流行的一个网络词语。所谓的佛系，是指享受当下的美好，过着低欲望的生活，放慢奋斗的脚步。但青少年应当明白的是，佛系作为一种生活状态，并非适合所有的年龄段，在青春的“词典”里，不应当出现“佛系”这个字眼。

“佛系”，有时是青少年懒惰的借口

生活中，常听到一些青少年这样抱怨：“每天忙忙碌碌，要学习，要工作，要不停地充实提升自己，真是太累了！不行，我要好好休息，何必让自己这样身心负累呢？”

也有青少年会说：“为什么要奋斗呢？我看我身边的一些同龄人，每天悠闲自由，让人看着羡慕万分。没有对比就没有伤害，我也想和他们一样，过着佛系的生活多好。”

现实社会里，有这种想法的青少年也不在少数。他们或是在奋斗过程中暂时遇到了困难与挫折，心生倦意；抑或是在攀比心理驱使下，不想奋斗。实际上，他们这些行为的背后，都是在为自己的懒惰找借口。

梦凡进入大学校园后，没有了紧张忙碌的高中生活的束缚，很快就彻底“放飞”了自我。

每天早上，梦凡总是在室友的连连催促下才懒洋洋地起床，慢条斯理地做着上课的准备。有时候起床晚迟到了，梦凡也不用担心，悄悄从教室的后门溜进去即可。

一到星期天，梦凡就更放松了对自我的要求。她能躺在床上，拿着手机追上一天的剧，有时候饿了，也懒得去食堂打饭，直接点外卖。

梦凡的室友见状，多次劝说她不要太贪玩，学习上还是要抓紧一些。梦凡听了，却振振有词地反驳道：“你们懂什么？大学生活就是要过得轻松惬意才好，难道还像高中那么拼吗？我看你们才是想不开。”

不知不觉间，一晃大学生涯就快要结束了。临近毕业的梦凡，才发觉自己有些慌了。她身边的同学，不是找到了满意的工作，就是考上了心仪大学的研究生，唯独她，一事无成。然而现在后悔了，又有什么用呢？

从梦凡的人生故事中不难看出，青少年在美好的青春岁月里，不去努力奋斗，反而贪图享受，当你真正踏上社会后，就会明白自己当初选择的佛系生活态度是多么无知和愚蠢。

 还没开始奋斗，你怎么能“佛系”呢

青少年因为心智上的不成熟，很容易被社会上一些未经证实的思潮所裹挟，别人一说佛系，他们就奉为人生的“圭臬”，不加辨识地全盘接受。追剧，打游戏，逛街玩乐，吃吃喝喝，我行我素，享受当前，反正是怎么舒服怎么来，还美其名曰“与世无争”，追求低欲望的生活。

显然，抱有这样人生态度的青少年，将人生奋斗和享受本末倒置了。你要知道的是，没有奋斗，哪里能有让自己一直享受下去的资本呢？很多时候，在羡慕别人的成功、抱怨命运的不公时，为什么不去扪心自问一下：在应该努力奋斗的年龄，我为此挥洒汗水拼搏过吗？

在一所中学举办的“青春无悔”主题座谈会中，有同学曾问了这样一个问题：青春的秘密究竟是什么？

这所中学的校长，不假思索地回应对方：“青春的秘密，甚至包括整个生命的意义在内，都离不开‘奋斗’两个字。唯有奋斗，你的青春才无悔。”

古语云：“盛年不再来，一日难再晨。”如果做一个形象的比喻，青春就是青少年人生之中的“清晨时光”。在人生启航之初，请把“奋斗”当作座右铭，不要在需要努力奋发的年华里，去追求什么“佛系”的生活。否则到了最后，懊悔也换不来重来的青春。

青春随感

“十年磨一剑，霜刃未曾试。”青少年是一群富有蓬勃朝气和璀璨梦想的群体。作为新时期的青少年，要为自己交上一份满分的青春惜时卷，珍惜当下，珍惜美好的青春时光，奋斗为先，努力让青春的每一天都过得充实有意义。在长知识、长才干的同时，懂得有所为有所不为，始终与时代潮流的发展同频共振，做新时期的奋进者、开拓者、奉献者。

认真思考学习这件事

唐代著名书法家、文学家颜真卿有这样一句至理名言：“三更灯火五更鸡，正是男儿读书时。黑发不知勤学早，白首方悔读书迟。”他在诗中寄语青少年，在宝贵的青春年华里，学习是青少年的第一要务，不要等到白发满头时，再去懊悔虚度了岁月，一切都已为时已晚。

你是否认真思考过学习的重要性呢

人为什么要持续不断地努力学习呢？学习的重要性和意义又在哪里呢？

想必在很多青少年的内心深处，对于学习都会或多或少地有这样的疑问。其实问题的答案也非常简单，唯有学习，才能促使青少年成长发展；也唯有学习，才能让青少年在学有所成的基础上学以致用，在推动社会发展前进的过程中，贡献出自身的微薄之力，实现自我的人生价值。

具体来说，学习的重要性和意义有这样两个方面。

★ 学习，决定了青少年日后的人生高度

青少年时期，是人生的一段流金岁月，懂得努力学习的青少年，他们日后的人生发展前景会更加宽广。

仔细观察生活，会发现这样一个共性的规律：同一所学校、同一个班级走出来的青少年，各自的人生成就高低不一。有些青少年走上社会之后，成了国家的栋梁之材，而有的青少年却碌碌无为，一事无成。

其中关键的因素之一，就在于是否认真对待学习。那些把握住了青春、努力刻苦学习的青少年，掌握了必备的科学文化知识，具有了分析问题、解决问题的超强能力。也正因此，他们在走上工作岗位后能一展所长。

反观那些不认真学习、在学习上不愿吃苦的青少年，能力差，本领低，在社会上没有立足之地。由此，他们就和那些勤奋学习的青少年，拉开了人生的距离。

★ 学习，决定了青少年人生境界和素质修养的高低

学习，不仅能起到增长智慧的作用，也有助于开阔青少年的心胸、视野，提升他们的人生境界。

通过持续不断的学习，青少年能够从愚昧、粗俗的人生状态中

摆脱出来，提高自我素养，拥有清醒自知的能力，懂得反躬自省的道理，促使自我成为一个有知识、有素养的时代好少年。

 懂得努力学习，也要会学习

青少年时期，正是好好学习、增长个人才干与能力的黄金阶段，千万不要在这大好的青春年华里蹉跎岁月。正确的人生态度，应当是拿出勤奋努力的拼搏劲头，始终将学习放在第一位，将其作为一种生活方式和精神追求来认真对待。

首先，要刻苦地学。“书读百遍，其义自见。”学习，容不得半分的偷懒，只有下得真功夫，方能求得真学问。

非学无以广才，非志无以成学。青少年刻苦地钻研科学文化知识，让自己如同海绵一样，不断地从知识的海洋中汲取营养成分，充实自我，提高自我。

在学习的时候，应当做到惜时如金、心无旁骛、如饥似渴地学，在芬芳四溢的书香里，从知识的宝山中寻获无穷无尽的宝藏。

在研习学问的道路上，当你努力过了，拼搏过了，有那么一瞬间，你会豁然开朗，在人生的长河中，没有什么能比得过学习了，学习是自我成长最好的方式。请相信，只要沉下心去，克服浮躁之气，将个人学习的潜能发挥到极致，一定能学有所成。

其次，在学习的过程中，要注意学习的方法，方法得当了，才会有事半功倍的良好效果。

因此，在学习时，要突出重点，择其精要，做到专博结合，也即学识广、专业精。同时还要培养自身科学的思维方式，知其然，更要知其所以然。不能只去埋头苦学，不懂得低头思考，应当将学和思两个方面完美地结合在一起。

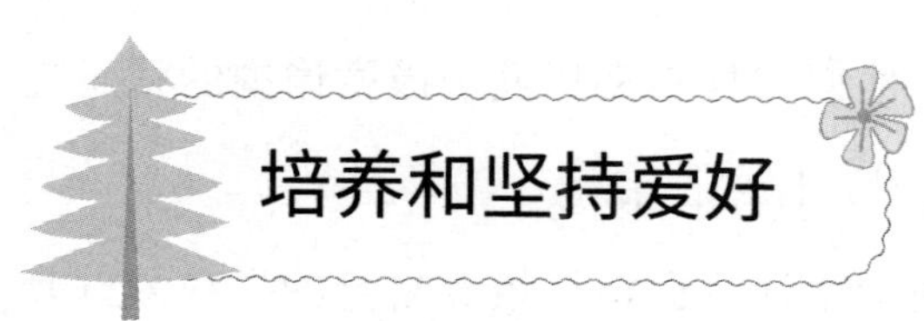

培养和坚持爱好

爱好是什么？当你对生活中某种事物有着强烈的兴趣，有想要了解它、接近它的冲动，并能一直沉浸其中，这就是爱好。人的一生，因爱好而充实，在忙碌的工作和学习中，多一分爱好，自然就会多一分难得的轻松和自在。

有品质的生活，是从培养爱好开始的

《论语》中有这样一句富含哲理的话语：“知之者不如好之者，好之者不如乐之者。”这句话说的是什么意思呢？

实际上，这句话的意思不难理解，孔子在这里告诉我们，那些懂得学习的人，比不上那些喜爱学习的人；而那些喜爱学习的人，比不上那些把学习当作乐趣的人。

孔子话语里的中心意思，突出了学习中兴趣的重要性。只有那些以学习为乐趣的人，才是真正热爱学习的人，他们的学习也才最有效果。

兴趣和爱好的本质内涵正是如此。当人们在做自己感兴趣的事情时，会无比专注地投入其中，他们的身心都将处于极度愉悦的状态之中，没有疲倦，也不会叫苦叫累，甘之若饴。

其实不只是学习，有品质的生活，也是从培养自身的兴趣爱好开始的。

比如在生活中，有这样一群人的存在。平日里，他们忙于学习、工作和事业上的发展。一旦有了空闲的时间，他们就会从忙碌的学习、工作状态中解脱出来，游泳、音乐、爬山、摄影、写作、跳舞……当身心获得了充分的休息和放松之后，第二天，他们依旧能以活力满满的精神状态，重新投入学习和工作中去。两者相得益彰，相互促进，让生活富有品位。

反观那些一到周末，就窝在家里看电视、玩手机的人，他们看似休息了，放松了，实际上内心空虚，每天挂在嘴边的一句话就是“好没意思”。

同样是休息娱乐，为什么会出现这样大的反差效果呢？分析其中的原因，就在于你有没有自己的兴趣爱好。

有自己兴趣爱好的人，和没有兴趣爱好的人相比，双方对于生活的体验感有着天然的差别。在兴趣爱好的驱动下，不仅可以有效缓解身心的疲劳感，还可以激发自我的创新思维，反哺到学习和工作上，收获另外一种美妙与惊喜。

青少年也是如此，追求高品质的生活，让学习、工作富有诗意，永葆激情，那么就不妨从培养一份兴趣爱好开始。

 兴趣爱好，重在培养和坚持

兴趣爱好对于青少年的人生成长，有着奇妙的作用。只要你能够投入其中，它就能带给你精神上的愉悦和放松，也能促使你更深入地思考，让你的人生变得有趣起来，并充满勃勃生机。

兴趣爱好需要青少年长期培养和坚持。在这个过程中，青少年要耐住性子，沉下心去，去慢慢发现兴趣爱好背后所蕴含的无穷妙趣。

孟迪在自身兴趣爱好的培养坚持上，就经历了这样的一个过程。孟迪从小就喜爱书法，对书法痴迷的她，一有时间就挥毫泼墨，勤奋练习。

但没过多久，孟迪就感觉自己坚持不下去了，感觉枯燥乏味。幸运的是，父母师长一直在安慰她、鼓励她，这才让孟迪有勇气继续坚持下去。

慢慢地，孟迪品尝到了书法的妙趣，一笔一画，纵横之间，可以尽情挥洒自身的想象和才情，让她感悟到了书法特有的神韵之美。沉浸其中，纵然有练习的辛苦，然而那份怡然自得的乐趣，却是别人很难体会到的境界。

择一事成癖，择一好悦心，这和金钱名利无关，只求内心的愉悦和欢喜。兴趣爱好就是如此，绘画、书法、读书、写作等，一点一点地坚持下去，点滴积累，从量变到质变，你的生命历程，自然将因此而得以丰富充盈起来。

青春随感

对于青少年来说，生活中的许多事情，如果你不去勇敢地尝试，不去持之以恒地做下去，你就永远不能品尝到其中的乐趣。当你对一件事情感兴趣时，请坚持下去，不轻言放弃，慢慢地，你的这种乐趣，会成为影响自己一生发展的志趣，从中受益无穷。

正视失败

失败是什么？这要看你有一个怎样面对失败的态度，如果将失败视作人生的挫折和打击，你就很难从失败的阴影中走出来；反之，你能正视失败，将失败视为成功之母，乐观以对，成功就会在不远处等着你。

失败真的那么可怕吗

失败，对于很多青少年来说，是一个令他们厌恶的词语，毕竟谁不希望人生的道路上一帆风顺呢？考试成绩不好，求职时受到了拒绝，失败，让人心情沮丧，精神萎靡。

实际上，面对失败，大可不必如此。在人生的长河中，每个人都要经历或大或小、或多或少的失败，关键在于我们面对失败的态度如何，是就此自甘沉沦、一蹶不振？还是再接再厉、东山再起？

秦朝末年，项羽和刘邦展开对天下的争夺。在“垓下之战”中，项羽被刘邦的大军追到了乌江边，原本他有逃生的机会，身边人也劝说他尽快渡江，“留得青山在，不怕没柴烧！”稍做整顿之后，凭借项羽的能力，东山再起大有可能。

但此时的项羽是什么态度呢？面对事业上的重挫，心生惧意的他，无心再战，以“无颜再见江东父老”为借口，拔剑自刎。

而另一位历史人物越王勾践，在面对失败时，却是另外一种人生态度。当年他和吴国作战，被迫前往吴国充当人质，备受屈辱。

虽然如此，勾践却能在失败的面前做到奋发图强，他“卧薪尝胆”，暗中积蓄力量，等到时机成熟后，再次和吴国交手，这一次他不仅一雪前耻，还一举成了“春秋五霸”之一。

由此可见，失败并没有那么可怕，关键在于青少年要有正视失败的勇气，以百倍的信心去迎接生活的挑战。

心态乐观，将失败当作人生的转机

如果仔细分析失败和成功的关系，就会发现有成功就有失败，失败是成功的催化剂。当你面临最为严峻的困难时，一定要相信，成功的脚步其实已然在靠近，把失败当作人生的转机，坚持再坚持，不放弃，命运将会给你最好的收获。

1914 年，爱迪生遇到了人生的一次大挫折。倾注了他无数心血的实验室在一次大火中化为乌有，金钱上的损失暂且不论，他的许多实验数据也在这场无情的大火中付之一炬。

等到爱迪生得知消息赶到后，火势已然无法控制，他在最初的惊慌之后，反倒一脸平静地望着眼前的熊熊大火，神态镇定。

那一年，爱迪生已经是一位六十七岁的老者了，数据被焚，换作是其他人，谁还会有勇气从头再来呢？然而爱迪生却坦然以对，在火势冲天时，他反而让儿子查理斯喊来母亲，一起观看这场难得的“视觉盛宴”。

第二天清晨，爱迪生和儿子查理斯再次来到这片被大火焚烧过的废墟前，此时的爱迪生依旧心态乐观。在他看来，一场大火并不完全是灾难，反而也有它独特的价值。至少，这场大火将他以往实验中的谬误都给烧掉了，这样他就能走出思维的误区，轻装上阵，重新出发。

心态阳光的爱迪生，很快又投入了新的实验中。三个星期过去后，他发明的第一部留声机就问世了。

从爱迪生的人生故事中，青少年又能感悟到一个怎样的道理呢？诚然，在人生的长河中，失败不可避免，在努力前行的道路上，前方也一定会有大大小小的失败在等着我们，也在时时刻刻考验着我们。

从失败中寻找成功的机会，这样的人才具有大智慧和无畏的勇气。即使跌倒一千次，也要第一千零一次勇敢地站起来。很多时候，失败并不意味着青少年一定比其他人差。失败时，也不要去抱怨命运的不公。放下恐惧和纠结的心态，从容坦然地去面对失败，因为每一次失败都是下一次成功的开始，也意味着我们距离成功更近了一步。

天才仍需努力

生活中，存在着一些智力超群的人，他们拥有超高的天赋、超强的学习能力以及洞察力，总能在相对较短的时间内，做出超越寻常人的成就。这一类人，常被人们归结到“天才”的行列中去。但作为天才，是不是就不需要努力了呢？当然不是，不努力的天才，最终会泯然众人，成为一名普通人。

天才不努力，也会以悲剧收场

不可否认，在我们的生活中，存在着“天才”式的人物，如在绘画、书法、音乐等各个方面，他们都有着令人惊叹的领悟力。这种与生俱来的天赋，让他们在后天的发展上占据了极大的优势，在人生事业上，也往往达到了常人所难以企及的高度。

出于对天才的崇拜，在人们的一些固有认知中，认为那些拥有超高天赋的天才式人物，无须努力就能取得人生的辉煌。事实真的如此吗？当然不是，从宋代文学家、政治家王安石笔下方仲永的故事中，就可以明白这个道理。

宋朝时，王安石的家乡出现了一位文学方面的天才，名叫方仲永。五岁的时候，从没有进过学堂的方仲永竟然能够提笔成文，写出一首言语清新、通顺流畅的诗来，他的出众表现，不仅让父母惊讶万分，也很快轰动一时，被乡邻所称奇。

也有一些饱读诗书的秀才不肯相信，于是就纷纷跑来，当场考验方仲永的才学。果然如乡邻所传言的那样，任何题目到了方仲永的手中，都能一挥而就，而且文采斐然，说理透彻，其文学造诣，甚至在一定程度上超过了满腹经纶的秀才们。

由此，方仲永是“神童”“天才”的消息不胫而走。附近的乡绅名流，也都以让方仲永当场写诗为荣。如果求不到，他们不惜花费重金购买。方仲永的父亲看到其中有利可图，干脆地也不种了，每日带着方仲永参加各种社会应酬，从来没有给方仲永学习提高的机会。

等到方仲永十二三岁的时候，王安石返回家乡，打听方仲永的消息，发现这时的方仲永在文学方面的创作能力已经大不如从前了。再过了几年，当王安石再次探听方仲永的消息时，从知情人处得知，现在的方仲永和一个平常人已经没有什么差别了。一个曾经让人仰视的天才，就这样没落了。

曾在文学创作上拥有极高天赋的方仲永，为何在短短的十余年时间里，就完全失去了灵气和天资了呢？其中的原因自然不难理解，天赋极高的方仲永，后天不知道努力上进，失去了宝贵的学习时机，这也导致了他仅有的那点天分，在被彻底耗光了之后，就如蒙尘的明珠一般黯然失色了。

 天才 + 努力，才能奠定成功的基石

所谓的天才，仅仅意味着在人生的起跑线上，凭借着自身的天赋加持，比别人略微领先了一些而已，实际上如果在后天的学习教育上不肯付出辛苦和努力，他们最终的结局，也如王安石笔下的方仲永一般，终有一日会失去天才的光环。

遍览古今，历史上那些即使有着一定天分的名人，在后天的学习上，也懂得谦虚低调，始终以“锲而不舍，持之以恒”的努力奋进来要求自我，也正如此，他们才能在各自的领域做出非凡的成就。

王羲之是享誉千古的大书法家，一手飘逸俊秀的行书独步天下。王羲之的几个儿子，也继承了父亲书法方面的优秀基因，从小就对书法表现出了强烈的兴趣，在书法造诣上，也确实超过身边的同龄人。

然而当王羲之的儿子王献之询问父亲在书法练习上有什么秘诀时，王羲之却指着门前的大缸，笑着告诉他：“书法练习没有什么秘诀，如果有，这秘诀就在你眼前的这七口大缸里面。”

聪明的王献之很快领悟了父亲话语中的意思。从此之后，他冬练三九，夏练三伏，日夜勤勉，当他将七口大缸中的水都练完了之后，他在书法上的成就，也终于能够和父亲并驾齐驱了。

具体到青少年身上，在日常的学习中，无论自身是否天赋异禀，如果做不到持之以恒，就如“为山九仞”一般，终将“功亏一篑”。

坚定意志，决定了就去做

如果要问，一个人成功的保障是什么？或许这个问题的答案会有许多种。毋庸置疑，“坚定的意志”必然是人们成功道路上不可或缺的信念。意志坚定，意味着不管是认准的事情，还是决定下来的行动，全力以赴地去执行，这是人生得以成功的最大保证。

意志坚定，才不会被困难所吓倒

人的一生中，会遇到很多困难和挫折，在这种艰难的十字路口，是选择放弃？还是坚定意志、勇往直前呢？孔子的人生际遇，给了青少年很好的启发。

公元前 489 年，孔子为了宣扬自己的儒家学说，周游列国，当他走到陈国的时候，遇到了一场前所未有的困难。

当时的陈国，被吴国大军团团包围，陷入了危机之中。孔子欲进不能，欲退不得，被困在了陈国和蔡国之间。随身携带的物资早已被消耗一空，由于得不到及时的补充，孔子和他的弟子们很快就陷入了缺衣少食的困境之中。

在极端的困境下，孔子手下的弟子们思想上有了动摇，他们为此询问孔子说，难道君子也有困顿的时候吗？

面对弟子思想上的摇摆，孔子却神态自若地对他们说，君子当然也有困顿的时候。不过君子和小人的区别，就在于君子面对困境时，能够做到意志坚定、百折不挠；小人则不然，他们在困境面前，会改变自身的志向，向困难投降。因此说，当我们意志坚定了，才不会被眼前的困难所吓倒，依旧坚持信念，在困境中继续走下去。

孔子的话语告诉青少年，遭遇困境不可怕，只要能坚定意志，努力前行，终将云开雾散，得见丽日晴空。

下定了决心，再困难也要咬牙坚持下去

意志坚定这一人生法则告诉青少年，当他们下定决心后，无论中途遇到多大的困难，都应坚持信念不动摇，持之以恒地坚持下去。

霖霖热爱围棋，他的目标是能够在全市青少年围棋大赛中获得最好的名次。但作为中学生的霖霖也深知，想要掌握高超的围棋技艺，就必然要勤加练习，这样就会占用一些学习时间。

为此，在学习上，霖霖尽可能高效率地学习，为练习围棋挤出一定的时间。尽管如此，霖霖在围棋练习的过程中，还是遇到了诸多挑战，比他优秀的同龄人也大有人在。

为了心中的理想，霖霖始终不放弃，努力坚持。在师长面前，他勤奋学习；在比他厉害的同龄人面前，霖霖也能虚心请教。通过日复一日的练习，他的围棋技艺有了突飞猛进的提升。

第一年，霖霖冲刺全市青少年组围棋大赛第一名失败。霖霖没有灰心丧气，而是积极吸取经验教训，继续利用一切可以利用的时间，心摹手追，终于在第二年的青少年组的决赛中一举夺魁。

“任尔东西南北风，咬定青山不放松。”从霖霖的案例中不难看出，坚定意志、决定下来的正确事情，就要毫不动摇地做下去。这是人身上最为可贵的一种品行，也是值得青少年学习效仿的地方。

为自己的决定负责

“你选择什么样的生活，就会相应地得到一个什么样的人生。”这句话告诉青少年，你现在的每一个选择，都将对你以后的人生发展产生深远的影响。所以，在你做决定时，一定要为自己的决定负起责任。

做出人生重大决定前，请三思再三思

一个人逐渐成熟的标志是什么呢？那就是不轻易做决定，一旦要做决定，就要三思再三思，为这个决定负起相应的责任，而不是一时兴起，草率为之。

黎刚原是一名中职院校的学生，他从学校毕业之后，应聘到了一家规模和实力都相对不俗的公司工作，各方面的薪资福利也都非常不错。

哪知黎刚在刚刚工作了半年之后，就想要跳槽离开。身边的同事见状都纷纷劝阻他，说他才进入公司半年时间，并没有学到什么实质性的技能，如果真的想要跳槽，等到掌握了真正的本领时再跳也不迟。

黎刚性情固执，自然不肯听从大家的劝告，还说这是自己的决定，与他人无关。随后不久，黎刚便跳槽到了另一家公司。但心浮气躁的他，没能很好地融入新的集体，再加上他的业务能力不是太过硬，因此薪资待遇一直得不到调整，黎刚一气之下，又想要去创业。

黎刚的朋友和父母都劝说他，说他现在工作满打满算不到一年的时间，现在这个年纪，正是积累宝贵经验的重要阶段，怎么能轻言创业呢？

黎刚依旧将朋友、父母的忠告当作了耳旁风，一意孤行地辞职创业。最后的结果果然如大家所料，一无经验，二无技术，仅凭一腔热情创业的黎刚，又碰得“头破血流”。反观那些和他同一批进入第一家公司的同学们，他们勤勤恳恳地在各自的工作岗位上努力拼搏，经过几年的努力，或成为更高一级的管理者，或薪水得到了大幅度的提升，只有黎刚落魄依旧，想起当日冲动下的决定，黎刚也颇为后悔。

从黎刚的案例中可以看出，为自己的决定负责，也就是为自我的人生负责，在做出决定前，一定要慎之又慎，认准后才能勇敢地去实施它。

敢作敢当，为自己负责

为自己负责，为自我的人生负责，不是简简单单的一句口号。在现实生活中，青少年每做一个重大的决定前，一定要三思再三思，一定要弄清楚自己的这种决定是经过了一番深思熟虑，还是只是被热血和冲动所左右。

举一个简单的例子。有一些青少年在报兴趣班的时候，就往往会出现这样的情况。学习弹钢琴，嫌累；学习绘画，又坐不住；练习书法，觉得枯燥乏味。如此一来，一次次错误的决定累加下来，会形成“质变效应”，最终这些人一事无成，也不是没有原因的。

青少年为自己的决定负责，首先应当要有强烈的责任意识，一旦做出了重大决定，就要敢作敢当，勇于承担责任，遇事莫推诿退缩，而应勇往直前。

其次是学会用积极的心理暗示来引导自己。在积极的信念和意识引导下，拥有向上的力量，以远大的理想和目标为追求，青少年才能做出最有利于个人人生发展的决定。

第九章

呵护青春，健康成长

青春对于每个人来说，都只有一次。在这如诗如画、色彩绚烂的青春年华里，青少年要正视自身，端正态度，正确对待青春期身心变化，增强自我保护的能力。在自尊、自爱、自律、自强的基础上，向阳而生，智慧成长，让青春的健康之花绽放芬芳。

网络游戏好玩，但要克制

在当今信息化时代，随着网络新媒体的兴起，网络游戏也有着广泛的受众，成为人们业余时间一种主要的娱乐方式。青少年喜爱新奇、贪玩的天性，也让他们中很多人痴迷于网络游戏。也正因此，如何客观、理性地看待网络游戏，成了社会、家长以及青少年群体极为关注的问题。

网络游戏是洪水猛兽吗

自网络游戏兴起之后，社会上对它的质疑、批评的声音，一直不绝于耳，那么问题是，网络游戏真的是“洪水猛兽”吗？这需要人们一分为二地区别看待。

从网络游戏“娱乐”的属性来看，它具有沉浸性、互动性、高仿真性的特点，对人的娱乐心理天然具有强大的吸引力，人们一旦接触到了网络游戏，在个人自制力差的情况下，很容易沉迷其中，不能自拔。

尤其是青少年群体，他们的身心正处于未完全发育成熟的阶段，贪玩的天性加上自控力相对较弱，对于网络游戏很容易迷恋上瘾，产生高度的依赖性，也因此严重影响他们的学习、生活、工作等各个方面，导致了一系列社会问题的产生，这也是网络游戏被大家所诟病的地方。

然而从另一个角度看，既然是游戏，它也有益智健脑的正面作用。比如网络游戏中的运动类游戏，包括象棋、围棋、编程在内的网络游戏项目，对青少年的身心健康成长，也能起到一定的积极促进作用，可以适当地放松娱乐一下。

由此可见，对待网络游戏，我们必须以“一分为二”的哲学方法来客观、理性地看待，既要看到它的危害性，又要看到它的有益性，不能简单绝对地将其视作“洪水猛兽”，一棍子打死。

游戏可以玩，但请别玩物丧志

“过犹不及”的哲学道理告诉我们，对任何事物的关注、投入和掌控，都要有一个合理的度，超越了这个度，事物的性质就“变味”了。

网络游戏也是如此。对于青少年而言，娱乐一下身心，放松一下自我，适时、适当、适度地玩一玩，也不是不可以。但需要青少年清醒认知的是，决不能沉迷其中，被网络游戏牵制住个人的心智，犯了玩物丧志的错误。

在能否正确对待网络游戏上，凯凯就是一个反面典型。上了中学的他，突然迷恋上了网络游戏，一有时间就抱着手机玩个不停，不仅吃饭休息得不到保证，学习也深受影响。

发展到最后，为了能“过瘾”，凯凯竟然学会了逃课。半年之后，在学校老师多次苦口婆心规劝无效的情况下，他只得暂时退学，在本地青少年心理矫正中心接受戒除网瘾治疗。

凯凯的案例，给青少年敲响了警钟。在不过度的前提下，如何合理分配投入网络游戏的时间，避免上瘾呢？

其一，青少年要学会自我克制，尽量减少玩网络游戏的时间。比如周末、节假日以及寒暑假，从忙碌的学习中解脱出来，每天可以适度玩上一两个小时，让身心得到调节放松，定一个闹钟，到点自动关机退出。

其二，学会调整自己的生活，让生活变得充实快乐起来。仔细观察不难发现，青少年沉迷网络游戏，还和他们的生活状态有关。在学习之外，要尽量丰富自身的业余生活，如积极进行体育锻炼、阅读、参加各种社会实践和户外活动等，培养多方面的兴趣爱好。

生活丰富多彩了，青少年的身心和时间便会被这些健康有益的活动占领，这就能很好地帮助青少年戒除网瘾。

总而言之，青少年在对待网络游戏上，要有“拿得起，放得下”的坚毅气魄，懂得自律和自制。心智坚定了，就不会在网络世界里迷失自我。

坚持阅读，丰富自己的心灵

“腹有诗书气自华。”拥有知识和学问，能够让人体现出内在美和与众不同的气质。那些有着渊博知识学问的人，圆融通达，秀外慧中，从内到外散发出人格的魅力。如果要问，知识和学问从哪里来？答案不言而喻，阅读是获得知识和学问的一大途径。

人为什么要坚持阅读

生活中，一些青少年会这样发问：“时间很宝贵，为什么要花很多时间来读书呢？”

原因很简单，书籍是站在巨人肩膀上看世界的桥梁，通过阅读书籍，我们能够从中获取许多知识文化与各种技能，并使它成为助力人生发展的重要推动力量。

也许也有一些青少年会说：“我有出众的容貌，也有不错的家境，我想有这两样就足够了，无须费心劳神地去阅读。”

诚然，生活给了你一张美丽的面孔，也让你拥有了一个不错的家境，但扪心自问：你可以依赖它们一辈子吗？

要知道，美貌会随着岁月的流逝而衰老，财富也会在消耗中枯竭，然而唯有阅读，会让你的灵魂充盈丰富，富有内涵，始终不会褪色，你也会因此从中受益终身。

事实上，如果把一个人的人生发展比作一座“金字塔”的话，人们在阅读中构建起来的完善知识结构，正是这座“金字塔”坚实的塔基，倘若不通过阅读来充实知识的塔基，你人生的“金字塔”在前行的道路上很容易轰然倒塌，经不起任何艰难险阻的磨炼与考验。

所以，当你想要有所作为，想要用自身的才华打拼出一片天地来，你就应静下心来读书。

就像清代学者姚文田所说的那样：“世间数百年旧家无非积德，天下第一件好事还是读书。”

这就是阅读的力量，也是青少年要坚持阅读的理由。

请投入阅读中，让书籍丰富心灵

清代沈开福关于阅读有一句经典之语，可以拿来和青少年共勉，他这样说道：“人心至灵至动，不可过劳，亦不可过逸，惟读书可以养之。”

在这里，沈开福告诉世人，读书，是丰富自我内心和灵魂最好的方式。通过阅读，上可以博古通今，和先哲圣贤展开思想上的交流和碰撞，下可以体察人情百态，用充满智慧和人文闪光点的知识文化去滋养我们的心灵，充实自身的思想和修养。

也许我们没有出众的外表，也没有良好的家境，但这些外在的东西，对于人生刚刚启航的青少年都不是太重要。重要的是我们能够懂得阅读的重要性，并能全身心地爱上阅读，通过有效阅读孕育高尚的灵魂，培养坚韧不拔的品质。

很多时候，书中一句充满哲理的话语，也许会让正处于危难中的你，有了继续坚定走下去的勇气与希望。通过阅读，可以获取在逆境中奋发向上的无穷信心；通过阅读，能够汲取改变自我命运的内在坚韧力量。

我国近代著名的文学家、翻译家林纾，在回首自身的人生成就时，无比感谢那个曾经刻苦读书的自己，他这样说道：“用功学习虽是苦事，但如同四更起早，冒着黑夜向前走，会越走越光明；好游玩虽是乐事，却如同傍晚出门，趁黄昏走，会越走越黑暗。”

坚持去阅读，阅读久了你也就会发现，曾经那个性情急躁的“我”不见了，所有曾让自己困扰无比的坏情绪也消失无踪。在淡雅书香的滋润下，学会了和内心的情绪和平相处，精神世界也因此越来越富足，无惑于现在，无畏于将来。

青少年还应相信的是，持之以恒地阅读下去，在走过青春期之后，你也一定会喜欢现在读书的自己；在经历人生坎坷磨难、波折起伏的种种境遇后，你也变得越来越睿智、成熟、沉稳，成为一个光芒四射的自己。

 青春随感

在阅读的方法上，宋代理学家朱熹有很深的体会，他说："读书别无法，只管看，便是法。正如呆人相似，捱来捱去，自己却未先要立意见，且虚心，只管看。看来看去，自然晓得。"朱熹在这里告诉人们，阅读，首先在"读"字上面，一定要让自己有毅力读下去。具体到青少年身上，除了坚持阅读之外，还要注重选择有营养的书去读，同时做好读书笔记，做到爱读书，也会读书。

运动使人快乐

青少年正处于身体快速发育期，必要的体育运动不可或缺，体育运动对青少年的身体发育有着显著的促进作用。除此之外，运动还有哪些有益于身心的效果呢？

运动为什么可以让身心保持愉悦呢

体育运动，对青少年来说再熟悉不过了，生活中，运动无处不在。但要说到运动可以让人心情愉快、保持愉悦的情绪状态，相信青少年的内心深处，会有这样一个小小的疑问：运动那么累，真的能够使人快乐吗？它让人产生快乐情绪体验的原理又是什么呢？我们是否可以通过运动来获得这种愉悦感呢？

原来在体育运动时，青少年体内的肾上腺素能神经会在应激刺激下，分泌大量的肾上腺素及多巴胺等，对消除压力、舒缓情绪有着奇妙的效果。因此，青少年在运动的过程中，虽然大汗淋漓，却收获了轻松愉悦的情感体验。

此外，青少年体内的内啡肽也发挥着同样的作用。在医学上，内啡肽又被称作安多芬或脑内啡，是一种由脑下垂体和脊椎动物的丘脑下部所分泌出来的一种氨基化合物（肽），具有镇痛和让人产生愉悦的神奇效果。

比如在长跑时，一开始会很累，但当到了一个临界值之后，大脑反而会兴奋起来，身体也显得格外轻松，这其实就是身体分泌的内啡肽作用的结果。这也是青少年在运动时虽然有疲惫感，然而愉悦感却能在最终占据上风的原因。

让自己运动起来

运动能够让人快乐，让人获得身心放松的舒适感。更为重要的是，青少年在运动之后，身心愉悦，在短暂的休息之后，也能以更为饱满的精神投入学习、工作中去。

既然运动对个体的身心有这样多的益处，那么都有哪些运动适合青少年呢?

具体来说，青少年可选择的运动方式有很多种，如跑步、游泳、爬山、球类运动、摸高、引体向上、交叉伸展、跳绳、跳皮筋、踢毽子、单杠悬垂等，可以根据自身的实际情况加以选择。

除选择合适的运动项目外，青少年需要注意的是，运动虽然有着诸多的益处，但在运动强度和运动时间上，一定要把握好节奏，做到适时、适度，养成良好的运动意识，不能过度运动。

原因在于，适量的运动有助于青少年体内的骺端软骨细胞吸收充足的营养，能较快地加速软骨细胞的增殖、骨化，对促进青少年的骨骼发育有着显著的效果。但运动量过大，强度过高，反而会适得其反，会对青少年的骨骼造成损伤，影响身体发育，因此一定要慎之又慎。

合理的运动时间也很重要。在时间控制上，每一次运动，应当控制在30～60分钟为宜。

当然，还有一点比较关键的是，青少年一旦选择了运动，就要长期地坚持下去，养成良好的运动习惯。

保护自己的隐私

什么是隐私呢？对于个人来说，不愿让外人知道，或者不便他人知道的个人私事和个人信息，都从属于隐私的范畴。从另一个角度看，不经别人同意，就随意散布对方涉及隐私范畴的内容，是一种侵犯隐私的不当与不法行为。青少年学会保护自己，应当从学会保护自己的隐私开始。

隐私被侵犯了怎么办

青少年时期是一个介于孩童和成年人之间的时间段，对于隐私的重要性，很多时候并没有充分的认识，因此他们在有意和无意之间，会做出侵犯他人隐私的事情。

莫丽最近就遇到了隐私被侵犯的事情。莫丽是一名高中生，在学校住宿。宿舍里，她和一名叫罗媛的同班女生关系最好，两人同吃同住，同进同出，无话不谈。

但不久前，罗媛的一个行为让莫丽气愤不已。原来有一次，莫丽在宿舍里不小心滑倒了，模样滑稽，表情狼狈不堪，惹得众人哈哈大笑。

罗媛也在一旁，一边和莫丽开玩笑，一边随手拍下了莫丽模样狼狈的照片。

对于罗媛的举动，莫丽也没有放在心上，毕竟两人之间关系非常不错，平日里相互也经常开玩笑，因此她并没有感到有什么不妥。

可是随后，让莫丽很不高兴的事情发生了。晚上睡觉前，罗媛竟然将莫丽出糗的照片，发到了她们班级的群里。罗媛在群里发了照片之后，还附带调侃了一句：这丫头，洋相百出，让你们见识见识。

莫丽早早睡了，对罗媛私自在群里发她照片的事情毫不知情。等到第二天早起，莫丽才在群里看到了自己的照片和罗媛的调侃。

又气又怒的莫丽，认为罗媛不经自己同意就在群里发布照片，严重地侵犯了她的隐私。气恼的莫丽，当即要求罗媛在班级里公开向自己赔礼道歉，消除不良影响。

但罗媛听了莫丽的要求，也是一脸委屈。在她看来，莫丽这种态度和要求，实在有点小题大做，不就是一张摔倒的照片吗？何必大惊小怪呢？更何况，她这样做虽然没有经过莫丽的同意，不过也只是一个小小的恶作剧而已，属于无心之举，绝非刻意为之。

尽管罗媛多方辩解，但莫丽不为所动，认定罗媛侵犯她隐私的行为是错误的，必须公开赔礼道歉。在其他同学的开导下，最终罗媛也认识到了自身的错误，郑重地向莫丽表示歉意。

案例中的莫丽，面对隐私被侵犯的情况，要求罗媛公开道歉的行为是对的。有强烈的隐私意识，才能更好地保护自己。

现实生活中，类似莫丽这样的事情不在少数。在司法案例中，青少年隐私被泄露、人身安全被侵犯的情况也比比皆是。在严重的事态面前，能够有效保护自己的最佳方式，就是勇敢地拿起法律武器，维护自身的正当、合法权益，绝不忍气吞声，更不要对对方妥协。

你会保护自己的隐私吗

隐私如此重要，小则涉及个人的名誉权，大则关系到个人的生命安全，那么青少年该如何去保护自己的隐私呢?

★ 对涉及个人隐私的物品，一定要做好管理

比如学生证、身份证、手机等物品，这些物品里面含有青少年大量真实的个人信息，一旦不小心丢失，被不法分子捡到，就会让他们有可乘之机。如果确实丢失了，也没有找回的可能，那就第一时间挂失。

★ 有高度警惕的心理，不轻易泄露个人信息

比如在现实中遇到的陌生人，一些别有用心的人，会想方设法套出青少年的个人信息，叫什么，住哪里，电话号码是什么等。遇到这种情况，在没有弄清楚对方真实身份前，一切都无可奉告。

青少年在登录网站时也是这样，有些不法网站采取诱导的方式，试图套取青少年的各种个人信息。面对这种情况，青少年也应提高警惕，不随意在上面填写和个人信息有关的资料，以免被那些钓鱼网站收集，给自己带来人身安全或财产方面的伤害与损失。

★ 隐私被侵犯时，果断出手制止或报警处理

倘若发现有人不经本人同意，擅自发布有关个人隐私方面的信息，要第一时间制止，当对方不听劝阻时，要勇敢地拿起法律武器，有效维护个人的隐私权。

青春随感

保护隐私，是青少年人身安全和财产安全的第一道屏障，也是青少年自身人格得到尊重的切实保证。在日常生活中，家长、学校、社会三方要联合起来，多对青少年开展隐私保护教育和普法教育。既要告诉他们注重个人隐私权的保护，提高自我保护意识和风险防范能力，也要让他们懂得，在注重保护自身隐私的基础上，还要学会去尊重他人的隐私权。

拒绝诱惑

丰富多彩、五颜六色的生活中，蕴含了无数美好，也暗藏了各种各样的诱惑。诱惑，好比是悬崖边缘美丽的花朵，当你不顾危险伸手采摘时，也许会因此付出惨重的代价。

诱惑，看似美好，背后却是深深的陷阱

在人生的旅途中，身边总有千千万万的诱惑在等着我们。这些诱惑，披着美丽的外衣，远远望去，令人怦然心动，渴望走近它、了解它、占有它，让人产生难以抑制的冲动。

但青少年需要清醒认知的是，世间所有诱惑的背后，都隐含着陷阱，一旦深陷其中，会让你伤痕累累，悔不当初。

有一名高中生，原本学习成绩优秀，却在无意中迷恋上了网络游戏，原本他抱着通过玩游戏调节学习压力的想法，也自认为有超强的

自控力，但哪知玩游戏的欲望由此一发不可收，最后发展到逃课也要打游戏的地步。

幸运的是，在老师和父母的共同努力下，这名高中生迷途知返，学习、生活逐步回到了正常的轨道上。

生活中，形形色色的诱惑数不胜数，无处不在，无时不有。一开始，诱惑在你面前展现出的是美好无害的一面，引诱你接近它。假如你动了贪念，迷失了本心，毫无防备、不管不顾地将它吞下去，最终你会发现，自己吃下去的原来是苦果一枚。

如果做一个形象的比喻，诱惑就像是鱼钩上香气四溢的鱼饵一样，当小鱼儿抗拒不了鱼饵扑鼻的香气，张嘴咬钩，准备大快朵颐时，却在下一个瞬间，被锋利的鱼钩拖出水面，等待它的自然是“人为刀俎，我为鱼肉”的悲惨下场。

真正的自律和勇敢，从抵制诱惑开始

有人说，一个人真正的自律、真正的勇敢，是从拒绝诱惑开始的。这句简单话语的背后，却蕴含着深刻的为人处世大道理。

纵观古今，那些能抵制诱惑、坚定信念、始终勇往直前的人，才是世间最自律、最勇敢，人品也最为高贵的人。

宋末元初的文天祥，在国家危难之时，挺身而出，和元军展开了坚决的斗争。当他后来被元军俘虏后，对方开出优厚的诱降条件，只要文天祥肯低下头屈服，就会有享用不尽的荣华富贵。

但在这巨大诱惑面前，大义凛然、宁死不屈的文天祥，始终不为所动，并为后人留下了“人生自古谁无死，留取丹心照汗青”的千古名句。

从文天祥光照后世的人生故事中不难看出，在巨大的诱惑面前，他以洁身自好的坚定自律和坚贞不屈的无畏勇敢，义无反顾地选择了拒绝，遵从内心的宁静和人格上高贵的操守。也正因此，他的品行和风骨，才彪炳千秋，永存史册。

具体到青少年的身上，在诱惑面前，要以强大的自律与自制精神，勇敢地拒绝诱惑，远离诱惑背后的陷阱，不去做践踏道德底线和违背人伦的事情。

一是在平时的学习中，多去参加一些可以丰富业余生活的活动。生活充实了，内心充盈富足，懂得为自己的人生负责，那些不良的外界诱惑就很难对青少年产生实质性的影响。

二是在面对诱惑时，多去想一想忍耐不住诱惑的后果与代价。很多时候，青少年一旦在好奇心的驱使下涉足诱惑中，很快会误入歧途，给自己和他人造成巨大的伤害。因此，在诱惑面前，要慎重思考，平复冲动的心绪，冷静对待。

三是多和身边有正义感、有理想、有追求的人交往，远离那些不靠谱的朋友。生活中那些身上有着不良习气的人不正确的三观会给青少年造成负面的示范效应，从而不知不觉陷入诱惑的泥沼中去。

远离恶习

恶习，是人身上不良行为习惯的外在体现。这些坏的行为习惯，具有强大的惯性和惊人的破坏力，一旦沾染上，就能在不知不觉中轻易地将一个人毁掉。对于青少年而言，要有远离恶习的坚强意志，分清是非，辨识好坏，在青春年华中奔走在明媚的阳光下，与最为美好的自己“相遇”。

坏习惯都是后天养成的

习惯是什么呢？习惯是一种惯性，是一种相对固定的行为方式。以青少年为例，他们的身上就有着多种多样的习惯，比如放学回家，先坐下来将作业完成，然后再去做其他的事情，每天都能这样做下去；生活上养成早睡早起的好的作息规律，每天让自己保持活力满满的状态。所有这些，都是青少年身上惯性生活方式的体现。

进一步分析，“习惯”这一词语虽然是中性的，但在习惯支配下的行为，却有着好和坏的区分。养成有规律的按时作息，是一种好习惯；整天熬夜玩手机，自然是坏习惯。

但无论是好习惯还是坏习惯，它们都有一个共性的特点，也就是说，青少年身上的习惯行为，并非天生就有的，完全是后天形成的结果。

好的习惯方面，以跑步为例。跑步是锻炼身体的一种良好的行为习惯。然而这种习惯并非天生的，没有人生下来就喜欢跑步运动，之所以能够形成这种好习惯，和后天一直能够持续不断地坚持下去有莫大的关系。在长期的坚持下，久而久之，就养成了喜爱跑步运动的好习惯。

同样，坏的习惯也是如此。一开始，人们出于好奇或从众心理，在初步接触坏习惯时，也许还只是一种尝试。但随着时间的流逝，一旦总是重复这些内容，坏习惯就会在不知不觉中养成了。很多时候，在强大的惯性力量下，一些青少年明明知道这样做不好，却很难有毅力将这些恶习戒除，只能越陷越深，达到无法自拔的地步。

请远离这些不良恶习

人们经常说战胜自我，那么什么是战胜自我呢？实际上，战胜自我，是人具有高度自制力和强大意志力的体现，能够抵制外界的各种诱惑，也能够对自身有清醒的认知，远离那些不良的行为习惯。换言之，也就是用“好的自我”将那个“不好的自我”彻底打败。

美国著名心理学家、哲学家威廉·詹姆士说过这样一句著名的话语："播下一个行动，收获一种习惯；播下一种习惯，收获一种性格；播下一种性格，收获一种命运。"

青少年养成好的行为习惯，有益于人生的发展；养成不良恶习，注定难以有好的发展，甚而会误入歧途，抱憾终身。在实际生活中，恶习有很多种，作为青少年，在青春期需要远离哪些恶习呢？

一是吸烟。对于青少年，吸烟是被法律明令禁止的事情，因为它严重危害到青少年的身体健康。有些青少年忽视吸烟的危害，也或者是在猎奇和从众心理的支配下，渐渐沾染上了烟瘾，对健康成长造成了严重影响。

二是饮酒。和吸烟一样，饮酒对青少年的身体健康也会带来严重的不利影响。观察生活不难发现，许多成年人酗酒的恶习，就是从他们青少年时期饮酒开始的。所以，青少年应当做到滴酒不沾，即使在成年后，也要学会控制酒量，适度饮酒或不饮酒为佳。

三是吸毒。吸毒的危害性无须多说，一旦沾染上毒品，不仅是对自身的一种残害，严重者还会危害社会。青少年对此要有高度的警惕心理，不要抱着"我绝不会上瘾"的心态去试一试。这种侥幸要不得，也从来没有"浅尝辄止"的情况，一次就能让人上瘾，青少年切记要远离。

参考文献

[1] 北京宏志中学心理健康教育中心 . 这样上好心理课［M］. 北京：北京出版社，2015.

[2] 波波工作室 . 色彩性格心理学：1 秒看懂他人改变自己［M］. 杭州：浙江人民出版社，2019.

[3] 曾伟良 . 少年成长在路上：长者读本［M］. 广州：华南理工大学出版社，2017.

[4] 崔钟雷 . 遇见更棒的自己［M］. 哈尔滨：黑龙江美术出版社，2016.

[5] 酆都城主 . 自控心理学［M］. 哈尔滨：北方文艺出版社，2016.

[6] 金堂 . 优秀中学生的 16 个学习习惯［M］. 北京：石油工业出版社，2006.

[7] [美] 卡伦 · 霍妮著，武志红译 . 武志红导读版：我们内心的冲突 [M]. 北京：中华工商联合出版社，2018.

[8] 李少聪 . 掌控情绪［M］. 北京：新华出版社，2019.

[9] 李问渠 .18 岁以后要上的人生觉醒课［M］. 北京：中国纺织出版社，2011.

[10] 刘千泉 . 孩子，格局决定你的人生上限［M］. 北京：民主与建设出版社，2019.

[11] 刘瑞军 . 走开！拖延症：写给拖延症患者的自救手册［M］. 北京：煤炭工业出版社，2016.

[12] 罗艾 . 心理健康教育（第 2 版）［M］. 哈尔滨：哈尔滨工程大学出版社，2007.

[13] 潘文淦 . 文化弘德［M］. 北京：北京工业大学出版社，2019.

[14] 彭凡 . 做有好习惯的自己：让我更出色的 100 个行为习惯故事［M］. 北京：化学工业出版社，2016.

[15] 齐建国，薛懋青 . 学会健康生活：青少年健康教育指南［M］. 北京：中央编译出版社，2004.

[16] 钱水芳，俞佳，黄海蓉 . 大学生心理健康实践手册［M］. 上海：华东师范大学出版社，2014.

[17] 水中鱼，尚晓波 . 优秀青少年要养成的好习惯、好性格、好心态大全集［M］. 北京：新世界出版社，2012.

[18] 丁满 .18 岁以前孩子要养成的好性格［M］. 北京：新世界出版社，2007.

[19]《培养青少年受益一生的好性格》编写组 . 培养青少年受益一生的好性格［M］. 广州：广东世界图书出版公司，2010.

[20] 郭清玲 . 青春的资本：阳光青少年的十大性格定位［M］. 北京：北京工业大学出版社，2013.

[21] 杜兴东 . 青少年品质培养课：性格［M］. 北京：北京出版社，2014.
[22] 黄建华 . 当代青少年行为教育研究［M］. 北京：九州出版社，2018.
[23] ［美］比格兰著，黄秀琴译 . 青少年行为问题预防与心理干预［M］. 北京：人民卫生出版社，2011.
[24] 慧杰 . 青少年叛逆心理学［M］. 北京：当代中国出版社，2019.
[25] 张芳 . 青少年成长励志 8 册［M］. 长春：东北师范大学出版社，2019.
[26] ［美］柯维著，陈允明等译 . 杰出青少年的 7 个习惯（成长版）［M］. 北京：中国青年出版社，2015.
[27] 孙和 . 培养孩子的学习和阅读能力［M］. 北京：海豚出版社，2010.
[28] 佟艳，韩丽春，杨延斌 . 放飞梦想 青春飞扬［M］. 沈阳：辽宁大学出版社，2009.
[29] 闻钟，沈岳明 . 优秀中学生必读的 1000 个情商故事经典全集［M］. 南京：南京大学出版社，2015.
[30] 玺璺 . 青少年心理障碍个案与诊治［M］. 广州：广州出版社，2004.
[31] 杨明珠，姚磊 . 站上巨人的肩膀：享受学习 放飞梦想（自我认知篇)［M］. 武汉：湖北教育出版社，2015.
[32] 杨绅 . 每个孩子都是奇迹［M］. 北京：中华工商联合出版社，2017.
[33] 尹剑峰，龙梅兰 . 向着光亮那方前行，谁的青春都会出彩［M］. 上海：文汇出版社，2016.
[34] 朱国红 . 父母对了，孩子就对了［M］. 南京：江苏科学技术出版社，2013.